QUICK UNDERSTANDING OF LOGISTICS REAL ESTATE

すぐわかる物流不動産

増補改訂版

進化を続ける
サプライチェーンの司令塔

【著】
鈴木邦成
＋
大谷巌一

東京 白桃書房 神田

◎はじめに

近年、市場が拡大の一途を続けるネット通販などで繰り広げられている熾烈な競争を勝ち抜くキーワードとして「物流」があげられるようになった。「物流を制する者がビジネスを制する」という時代になったといっても過言ではないだろう。

コロナ禍以降、国内の物流センターはその存在感をこれまで以上に高めている。インターネット時代の副産物として販売の商圏が広がり、伝統的な小規模な倉庫ではなく、大規模で物流効率性の高い物流センターが必要になってきている。同時に、たとえば金融業界、不動産業界など、これまでは「物流」とは直接、関係のない業界の関係者にとっても、物流のしくみや考え方を理解することが大切になってきた。「物流についての理解なしではビジネスチャンスを逃してしまうことになりかねない」ということも、もはや決して少なくない。こうした点を踏まえつつ、本書では、近年、しきりに建設されている超大型物流センターの役割やその背景にある物流不動産ビジネスの伸張などを精緻に、かつわかりやすく解説していくことにする。

なお、本書は2016年4月に刊行された『すぐわかる物流不動産』の増補改訂版である。前書は、「2016年度日本不動産学会学会賞（著作賞：実務部門）を受賞するなど、好評を博してきたが、初版の発行から6年以上が経ったことを受け、増補改訂版では各章の内容をアップデートしたうえで、新たに2章を付け加えて、内容を充実させた。「NHKニュース　おはよう日本」（2022年3月14日放送）で特集された「物流倉庫　住宅地のそばへ」での鈴木の若者コメントなど、また大谷の物流不動産関連の講演、セミナーなどの内容も適時、踏まえている。

本書の執筆分担については、第1～6章については鈴木が担当し、第7～8章は大谷が担当し、第9章については鈴木と大谷が共同で執筆した。さらに鈴木が全体の流れを押さえ、必要に応じて各章に補足的な説明及び解説を加えた。

本書を読むことで、読者の皆さんの最新の物流施設に関する知識と物流不動産ビジネスの実務についての理解がより一層深まり、ご自身のビジネスフィールドに活用いただければ筆者の望外の喜びといえる。

鈴木邦成
大谷巌一

⊙――目次

第3章　物流センター起点の効率化の方策——48

第1章

物流不動産ビジネスの鼓動

倉庫・物流センターなどの物流施設の高度化、大規模化が進んでいるが、その背景には倉庫業法の改正、ロジスティクスの進展、さらには倉庫の役割の変化などがあげられる。

倉庫を不動産の視点から考え、ビジネスチャンスの拡大につなげようという「物流不動産ビジネス」の誕生、発達も大きい。

(1) 物流不動産市場拡大の背景

これまで日本では倉庫業（営業倉庫）は厳しい規制に守られていた。倉庫業者の免許を取得することは容易ではなかった。港湾や地域的な業務規則、港湾荷役や労働者の権利保全などの特殊権益とさまざまな規制が存在していた。そのため新規参入はむずかしく、業界は安定していたものの、その活性化には限度があった。

しかしながら各種の制度改革により規制緩和が進むと状況は大きく変わってきた。

たとえば、これまで、たんに保管のスペースを提供するだけの「倉庫物件賃貸」は、不動産業の1部門と位置づけられていた。以前の管轄も旧運輸省ではなく、旧建設省であり、営業倉庫とは一線を画していた。けれども、中央省庁再編で旧運輸省と旧建設省が一体化され、両者の管轄が国土交通省になったことなどから境界線があいまいになってきた。すなわち、倉庫業法における営業行為なのか不動産業法によるスペース貸しなのか、はっきりと区別できないケースが増えてきたのである。

さらにいえば、物流業界におけるサードパーティロジスティクス（3PL）の発達が物流センターのあり方を大きく変えた。とくに物流不動産と相性がよかったのは、倉庫や物流センターをもたないノンアセット型の3PL物流サービスである。3PL企業は物流センターを一括して借りて、それを区割りして賃料を取り、同時に仕分け、箱詰め、ラベル貼りといった荷役業務も請け負うが、これは伝統的な倉庫会社のビジネスフィールドを大きく侵食することになった。

また、外資系不動産企業を中心に、物流施設を事業用物件とする『不動産ファンド』も有力ビジネスとして市民権を獲得した。多額の資金を倉庫取得に投資、賃貸してその賃料収益を得るというものである。

　物流センターは一般的に立地の関係から土地価格が安く、しかも建設費や管理費も低く抑えられることから高い収益性が保証されている。ユーザー企業との関係も長期にわたり、5年から20年ほど続くケースが多い。したがって、定期借家契約を行なうことで収益性の高い事業に組み込むことが可能となるわけである。加えて近年は、5年以下の契約も増えてきて、さらなるビジネスモデルの変革が進んでいる。

(2) 物流センターの変化——差別化される倉庫

　従来、サプライチェーン上の倉庫・物流センターの役割は、生産と販売のバッファーとしての保管機能がメインであった。しかし、近年はサプライチェーンマネジメント（SCM）のあらゆる機能が物流センターに一度格納され、統括されるというシステムができあがっている。物流センターが「サプライチェーン全体の司令塔」としての機能を強化しつつあるといえよう。

　ここから、物流センター変貌を具体的にみていこう。

▣――ビッグデータも取り込み高度化

販売チャンスなどの損失を最小限に抑えながら、在庫圧縮を推進するには、高い精度の需要予測が要求される。リードタイムを短縮し、店頭在庫が多めに発生することを防ぐ必要があるわけである。

さらにいえば、店頭情報をリアルタイムにセンターや発注担当にフィードバックするＩＴシステムを確立しなければならない。店頭で必要とする商品を必要な時期にムダ、ムリ、ムラなくスムーズかつスピーディに配送できる体制を構築するのである。そのためには、従来の売上管理システムをメインとした物流管理に代わり、ウェアハウスマネジメントシステム（ＷＭＳ）を導入し、物流センター運営をトータルにコーディネート、マネジメントする必要が出てきた。

バブル期以前の倉庫は情報武装よりもむしろ、生産性を向上させるための機械化に焦点が合わせられて建設された。大規模な自動倉庫の登場はその象徴でもあった。しかし、ＳＣＭの進化により、倉庫の戦略的な意味づけが強化された。倉庫は、情報の集約拠点であると同時に発信拠点ともなったのである。

従来の庫内作業では「受注時に在庫数がつかめない」といった問題に悩まされる企業も多かった。ピッキング時による欠品の発生やシステムダウンなどから業務停滞に追い込まれるケースもままあった。作業終了が深夜、あるいは早朝に及ぶなど、労働環境の悪化につながることも多かった。しかし、先進的なＷＭＳを導入している企業はこうした問題をいち早く解消してしまった。ＷＭＳの導入により、庫内全体にロケーションが設定され、保管エリア以外での在庫管理が可能となる。ピッキングロケーションなどでも在庫数が把握できるのである。またパレット単位、ロケーション単位で、検査が済んでいるかどうかなどのチェックなどのステータス管理も可能となった。その結果、棚卸時間の大幅削減、作業効率のアップなどにつながっている。

倉庫、そして物流センターはＷＭＳによって情報システムとさまざまな加工機能を加えることでその戦略性をさらに高めサプライチェーンにおける司令塔としての位置を固めようとしているわけである。

■――進化する物流センターの機能

英語ではウェアハウスという語で総称される物流施設だが、日本語では多くの呼称が存在する。物流センター、流通センター、ロジスティクスセンター、フルフィルメントセンター、あるいはＶＭＩ倉庫などがその主なものとしてあげられる。

英語でいうところのウェアハウスの基本的な機能は生産と販売を結ぶ軸としての働きである。庫内作業を円滑に進め、生産から最終消費にいたる諸情報をサプライチェーン全体で共有するための中心拠点となることが求められてきている。

このウェアハウスの基本機能は、ミクロ的機能とマクロ的機能に分類できる。

ミクロ的機能とは、庫内作業におけるウェアハウスの機能である。生産拠点から商品を受け入れ、入荷作業を行ない、ついで入庫から保管、ピッキング、検品、梱包、出庫、配送と続く一連の庫内作業である。最新のウェアハウスではこうした庫内作業をできるだけ簡略化する方策がとられている。自動倉庫の導入、デジタルピッキングの高度化、梱包の簡素化、作業効率をアップさせるためのICタグ（非接触タグ）の導入などが推進されているわけである。さらにここにきて、後述するが物流センターに人工知能などを搭載しての「無人化」の動きも加速してきている。

マクロ的機能とは、ウェアハウスの統廃合などの物流拠点戦略、立地ロケーション、サプライチェーン全体での情報化の促進、ウェアハウスの外観のデザインや庫内のロケーション、レイアウト、さらには物流施設の流動化、証券化の展開などを指す。

従来、ウェアハウスのマクロ的機能に関する分析はきわめて少なかった。しかし、ここにきてその重要性は加速度的に増してきている。

現代物流においてミクロ的にもマクロ的にもウェアハウスの機能は増幅の一途を辿っている。

ウェアハウスの機能はますます複雑になってきているわけである。

（3）物流センターの評価・分析マニュアルの作成

ロジスティクスにおける倉庫・物流センターの重要度がますます高まる状況を考えると、「理想の物流センターとはどのようなものか」を知るための指標作りも必要となってくる。

ここにきて日本物流不動産評価機構（ＪＡ‐ＬＰＡ）による指標作りや既存の倉庫・物流センターの評価・分析（プロファイリング）に関する研究や調査も進展している。

倉庫・物流センターの評価指標としては、ロケーション、外観、施設設備、レイアウト、空間利用状況、物流機器の活用度、物流機器の利用方法などのハード面に加え、ユーザー企業へのサービス、ＷＭＳの構築度、作業員の労働生産性、庫内環境・安全性、在庫管理システムの構築度などのソフト面も指標として取り上げられる必要があるだろう。

■――投資対象としての倉庫・物流センター

倉庫・物流センターは、「物流活動の中枢」としてだけではなく、投資対象としても注目され始めている。投資家から資金を集めて不動産に投資し、収益を分配するという不動産投資ファンドなどの対象としてのウェアハウス、物流施設への関心が高まっている。

物流施設が投資対象として注目され始めた理由は、投資する側の負担が比較的軽いということにある。すなわち運営にほとんど手間がかからず、負担する付帯費用も少ない。屋根、外壁などの老朽化などを理由とする大規模な修繕以外には大きなメンテナンス費用もかからない。しかも土地取得から建設までの時間もビルなどに比べると短く、借り手も事前に決定していることが多い。また大型の物流施設の場合、テナントの定着率も高い。

なお、投資対象として倉庫・物流センターを考える場合、ハード面の以下の項目（物流の実務の視点）についても踏まえて考慮するとよい。全体最適を目指す物流施設の建設を行なう場合にも、実際のオペレーションに関わる場合にも、基本知識として押さえておくとよい。

■――倉庫・物流センターのデューデリジェンス（確認調査）

デューデリジェンス（適正評価手続き）とは、企業または投資家が最終的な決断を下す際のリスクリターンを適正に把握するための調査のことをいう。欧米では倉庫・物流センターの性能や収益性、維持管理費用に関して、投資家の視点からみた客観的な調査が一般的に行なわれている。資産価値やさまざまなリスクを事前に掌握することがその目的となる。

デューデリジェンスを活用することによって、たとえば倉庫物件の売却や不動産証券化において取引の透明性などを高め、意思決定の迅速化が図られる。

❶ 建設規模・ロケーション

ＳＣＭの普及という流れのなかで、物流拠点の集約化、共同化が進展し、大規模な物流施設が求められる傾向が強まっている。とくに1万５０００㎡以上の物件のリクエストが増えてきている。1社で2～5万㎡の施設を必要とするケースも増えている。

ただし、大規模であればそのロケーションはどうでもよいということはない。むしろ「物流拠点として最適な位置にあるかどうか」という判断、分析は緻密に行なわれるようになってきている。テナントニーズにマッチングしているか、消費地に近いか、工場などの調達地や港湾、空港、高速道路などへのアクセスはどうかなどが、最適なロケーションを決定するうえでの重要な要素となっている。

さらにいえば、24時間稼働の実現が可能となるべく、近隣からの騒音などの苦情が出ないような環境にあるか、あるいは施設の周辺にトラックなどが待機できるか、などもロケーションの決定にあたり重要な条件となる。加えていえば、基本的には工業専用地域がベストとなることが多い。

また敷地内の建物のバランスについては大型トレーラーなどが十分に回転できるスペースがあるかどうか、搬出入のトラックがスムーズに運行できるか、荷捌きがすばやく行なえるか、駐車場のレイアウトが十分に計算されているかどうかといった点も重要になってくる。たんに「建物規模からの収益性だけを考えて容積いっぱいに多層階の物流センターを建てればよい」というわけではないのである。

❷デザイン・スペック

不動産会社や建設会社の視点からすると、スペースの有効利用も考慮に入れ、「建物としての物流センターは多層階であることが好ましい」ということになるかもしれない。しかし物流会社の視点からすると、作業効率、保管効率をよくするためには平屋、または低層が一般的には好まれる。

また大消費地近郊の大型物流センターでは、各階ごとが独立した構造となっている高層の「自走式」と呼ばれるタイプを採用する企業が多数派となりつつある。それには、エレベーター、垂直搬送機の設備やそれに関連する作業スペースが不要になるという利点がある。

さらにいえば天候や季節風などの条件も考慮してデザインを決定する必要もある。たとえば臨海地区などの場合、ウェアハウスの配置によっては季節風に影響されることも多く、湿気や結露などが多くなるなどの問題が出てくることもある。

❸トラックバースの位置・形状

トラックバース（トラックの入出庫ホーム）には、低床式ホームと高床式ホームとがある。低床式ならばウェアハウスと敷地との間に段差がないが、高床式ならば段差があることになる。段差がないほうがトラックを庫内に入れやすいし、フォークリフトなどとのリンクも容易になる。しかし浸水や湿気、ホコリを呼び込む可能性も出てくる。パソコンや食料品などでは不向きな構造となる可能性も出てくる。また海上コンテナの取り扱いなどにおいても高床式が便利といわれている。

庇《ひさし》の深さは6～10ｍが一般的とされている。雨天の際の軒下でのウェアハウスオペレーションを考慮してのことである。できるだけトラックがつけられるようにトラックバースを長くし、庇を深くするデザインが好まれることも多い。

❹エレベーター・垂直搬送機

見落とされがちなことであるが、物流センターのデザインを考えるうえで、「エレベーター、垂直搬送機をどのように準備、設置するか」ということも重要である。多層階で1ブロックを約1000～1500㎡と考えた場合、エレベーター、垂直搬送機は2基は必要となる。貨物用のエレベーターは3～5ｔ、垂直搬送機は1～2ｔにまで耐えられるものが標準的である。

❺賃料

倉庫・物流センターの賃料を決定する最大の要素はロケーションということになるが、デザイン、機能性も重要である。平屋か多層階か、あるいは自走式かそうでないかといったことも重視される。また物流不動産ファンドなどの投資家サイドは、地価、建築コスト、階層面積に着目する。

(4) 老朽化した旧型倉庫の利用法

ところで、比較的、都心部にあった倉庫の周辺にはマンションなどが建設されて、倉庫の運営を続けるのが困難になるというケースも出てくる。本来ならば物流センター、集配センターなどで再利用したいところだが、周辺には住宅も増え、トラックの出入りが多くなれば周辺住民からのクレームも出そうなので、使用用途を変えることになる。その場合、建物はそのまま、内装のみをリフォームすることで用途変換を図ることになる。どのような用途が考えられるのだろうか。

できれば店舗や住居に転用したいところだが、その場合、大きな問題がある。倉庫の場合、保管スペースや物流関連機器、棚などの設置、フォークリフトの活用などが必要になることから、天井が普通の店舗や住居よりもかなり高くなるのである。

ふつう、店舗の場合、人間の目線が1・5mのところにあるとすると、その2倍程度が天井の高さとなり、２・５〜３ｍくらいの天井高になるのが一般的だ。住居の場合はもう少し低くても大丈夫だろう。ところが倉庫の場合、平均的な仕様で、５・５〜６ｍくらい必要になる。アパレルや飲料水メーカーの倉庫の場合、８〜13ｍ必要になるケースもある。

しかし、そんなに天井高がある倉庫では、店舗や住居には使えない。冷暖房効率も悪くなる。それゆえ都心部の旧式の倉庫をいかに活用していくかということは業界関係者の頭を悩ます問題でもある。

そこで倉庫会社は、天井が高い場合、どのように転用（倉庫リノベーション）していくかということをさまざまな角度から考えられるようになった。以下はその転用例である

ボウリング場：音の反響も大きいのでその音を吸収するために天井が高いのは好都合である。倉庫を改造することでしゃれた造りにすることが可能になる。

卓球場：これもピンポン玉が高く上がるので倉庫からの転用に向いている。

ディスコ、クラブ：バブル期に一世を風靡したさまざまなディスコは倉庫からの転用だった。天井が高いのは熱気や音の反響を緩和するのに好都合である。

フォークリフト教習所：フォークリフトの教習を屋内で行なうのはもともと倉庫という環境もあり、適している。

また天井高が比較的、低い倉庫の場合は会議室、トランクルーム、レストランなどに転用するケースもある。

このように多種多様な転用があり、最初からこれらに転用することを目的に物件を探す不動産業者や経営者に出会えば、もしこの事情を知らない倉庫事業者はかなり驚くかもしれない。

また、関係法令などに十分に注意したうえでコインパーキングの代わりにトラックの荷台などに置かれるコンテナを空き地に置くケースもある。コンテナを個人向けのトランクルームとして使うことを考えているのである。物流で使われるコンテナを住宅地などが近隣にある空き地に設置すれば、「押し入れ代わり」に使うことができるのである。一般家庭のユーザーも一度、荷物を入れれば、長期的に使う可能性が高くなる。

他方、設置する企業の視点でみれば、土地が別の目的に使用されることが決まれば、コンテナを簡単に撤去できるのである。空き地に実際の倉庫や収納庫を作ってしまえば、その撤去にコストもかかるが、物流のコンテナを空き地に置くだけならば、比較的、簡単に撤去できる。都会の一等地ならばコインパーキングのコストパフォーマンスは相当によいが、郊外の住宅地などで近隣の多くの家庭に駐車場があるような状況では、むしろコンテナを活用したトランクルームのほうがニーズも強くなるというわけである。規制緩和がさらに進めば大きなビジネスに発展する可能性もあるといえよう。

（5）物流センターにおける従業員満足度向上

本章の最後に物流センターの従業員満足度向上について話しておく。

物流センターが郊外のおよそ商業店舗などが建設されないような場所に好んで建設されるという話をしたが、実はそうしてできあがった物流センターが、今は旧来型の倉庫とは打って変わって近代的な外観、レイアウトになっている。もちろん、実際の物流業務もやりやすい環境がインフラ的にもソフト的にも整ってきている。しかも、それに加えてさらに近年は、しゃれた食堂、子供のプレイルーム、歓談場などが整備されていることも珍しくない。もっといえば、広く立派な更衣室、充実したシャワールームなどがあることも少なくない。最寄駅から物流センターまではシャトルバスが定期的に出ていることもある。

どうしてこれほど至れり尽くせりかというと、アルバイト、パートの戦力を強化するためである。現代的な物流センターには100～200人、あるいはそれ以上の作業者が必要になる。仕分け、検品や出荷業務などは熟練者が必要なケースも少なくない。

アメニティ施設を充実させているのは、駅から遠い郊外という労働集約型産業としてのマイナスポイントを補うための工夫なのである。アルバイト、パートにはできるだけ長く続けてほしいというわけである。

そしてそうなると、賃金についても都市部の小売店などよりも優遇されるケースもある。至れり尽くせりで従業員満足の高いレベルで実現させることが、物流センターに優秀な人材を集めるために必要という認識なのである。

第2章

サプライチェーンの司令塔としての倉庫・物流センター

SCMの進展により物流センターの機能は拡大し、ロジスティクスオペレーションにおける役割も大きくなった。これまでたんにモノを保管するだけだった「倉庫」が「物流センター」へと進化し、「サプライチェーン」の司令塔となったのである。

(1) 倉庫・物流センターの分類と進化の背景

保管型と通過型倉庫から物流センターへ

まず、これまでの倉庫の種類分けとこれからのあり方について述べていこう。

倉庫は、まず利用形態から、大きく3種類に分けられる。すなわち「保管型倉庫」と「通過型倉庫」（流通型倉庫）とその中間的な機能をもつ「総合型倉庫」である。

保管型倉庫とは、主に貯蔵を行なう倉庫のことである。一方、通過型倉庫とは、保管の期間は比較的、短く貨物の出入庫の頻度が高いもので、そのなかには加工機能、プロセスセンター機能を備えたものもある。さらにピッキングや値付け、包装などの流通加工業務などをシステマチックに行なえる体制を整え、ユーザーの求めに応じての出荷配送にも迅速に行なえる最新のロジスティクス機能を備えた物流センターも流通倉庫の進化型である。また、総合型倉庫は保管型倉庫と通過型の中間的機能をもつものを指す。

次に倉庫業法により、「営業倉庫」と「自家用倉庫」とに分類することもできる。倉庫業法により認められた倉庫を営業倉庫、民間企業の私有、私用の倉庫を自家用倉庫という。

さて、このような分類別にされていた日本の倉庫業界であったが、大きな変化が起きることになる。日本の倉庫業界は２００１年（平成13年）６月に倉庫業法の改正により、倉庫業への参入が許可制から登録制と変わった。また料金の届出も事前から事後になっている。これまでたんにモノを保管するだけの役割しか担ってこなかった倉庫は、物流センターへと進化し、サプライチェーンの司令塔となったのである。さらにはネット通販物流システムへの対応を念頭に、フルフィルメントセンターも登場している。

同時に3PL事業を推進するという視点から庫内の業務を体系化、合理化し、管理する「物流センター業務」にも注目が集まってきている。入荷検品、入庫棚入れ指示、在庫管理、ピッキング、出庫管理、梱包・出荷などの倉庫内の基本業務を情報システムでシステマチックに結びつけるのみならず、クロスドッキングやウェアハウスのビリングコスト管理、さらにはウェアハウスの庫内レイアウトや広域物流センターのロケーション戦略の立案なども行なうことになるのである。

■——サプライチェーン機能への対応

近年の企業のリエンジニアリングの急速な展開、海外への工場移転、情報化の急速な進展、ノンアセット型3PL企業の登場などに伴い、わが国の物流センターは過渡期を迎えた。

そのため、スーパーマーケットや百貨店などの配送センターが、次々と集約化されることとなった。以前は、エンドユーザーの至近の位置に在庫を置き、多頻度・小口の即納体制を構築することが販売戦略の軸となっていた。しかし、こうした拠点の分散化は、過剰在庫をヒートアップする要因にしかならなかった。そこで、拠点を集約化し、一元管理することで物流効率を向上させる戦略がとられるようになった。さらにいえば、日本企業のリストラ、リエンジニアリングなどの進展により、生産拠点が海外に移転するケースも増えていった。

分散していた在庫拠点を大幅に縮小することで、人員、施設、在庫などの節減が図られるだけではない。拠点集約により共同配送など、輸送メソッドの合理化と組み合わせることで相乗効果を上げることも期待できる。

物流拠点の構築にあたって、施設間の輸送距離、輸配送費用を最小にするために最短路を考える必要もある。最短路の計算にはダイクストラ法、べき乗法、プリム法などがあるが、コンピュータシミュレーションの発達でこうした最短路や立地モデルの計算も容易になってきている。

ちなみに立地問題の考え方としては輸送費を最小にしての物流拠点を考えるウェーバーの立地論が有名である。需要地一カ所、原料供給地二カ所の場合の輸送費最小立地を立地三角形という図形を用いて解くものである。ただし当然のことながら理論立地が最適となるわけではない。実務では空港、港湾へのアクセスや賃料、消費地へのリードタイムなども考慮して決定されることになる。

▣――ロジスティクスセンター（広域流通センター）

通過型、あるいは総合型の倉庫は、物流センター、配送センター、流通センター、ロジスティクスセンターなどといわれることも多い。

「ロジスティクスセンター」は1991年（平成3年）に当時の建設省が財団法人道路経済研究

所に委託して設置した「ロジスティクス高度化研究会」の「ロジスティクス高度化に対応した道路物流政策のあり方に関する調査研究報告書」のなかで提示されている。この類似の概念として「広域流通センター」がある。

ロジスティクスセンターは、物流拠点の水平統合と垂直統合を同時に行なう機能をもつ。メーカーの流通センターと卸売業の配送拠点とを統合するものである。そのため、集約化と同時に情報武装の高度化やオーダーピッキングシステムの充実が求められる。広範囲の配送先に混載して出荷する必要があるからである。

またロジスティクス的視点から考えると、生産拠点からエンドユーザーまでのモノの流れを管理する「物流全体の司令塔」としての役割が求められる。調達からエンドユーザーにいたる情報共有を推進することにより高度な在庫コントロールの実現を図るわけである。

▣——フルフィルメントセンター

まだ厳密に定義することはむずかしいが、必要な商品を必要な場所にムダ、ムリ、ムラなく提供するSCMネットワークの中核として、利益率の向上と資産収益率の最適化を目指す先進的なネット通販対応の物流総合センターが「フルフィルメントセンター」と呼ばれている。「フルフィルメント」とは、受注から商品発送、在庫管理、入金管理といったウェアハウス内での一連の業務の戦略的な流れを指す。

高度なウェアハウスマネジメントシステム（WMS）が導入され、労務管理、作業管理の徹底による運用コストの低減、在庫レベルの引き下げが図られる。同時に顧客満足度の向上や付加価値サービスの増加も促進される。WMSを導入することによって、モノの流れをリアルタイムで管理し、情報の流れと一致させることが可能となるのである。

リアルタイムでの在庫情報の更新、ロケーションレイアウトの綿密化、ピッキング作業の効率化などをキーワードに、ウェアハウス全体のシステム化、高度情報化も推進される。

さらに近年は消費地にきわめて近いロケーションに「マイクロフルフィルメントセンター」が設置されるようになってきている。

（2）物流センターの構築プロセス

■――物流センターの基本条件

物流センターの構築は、輸送、配送、保管、荷役、包装、情報という物流の諸要素を有機的に組み合わせながら、以下の点を十分踏まえたうえで行なわれる必要がある。

①輸配送の効率化：ユーザー数、納品頻度、納品ロットなどを詳細に分析する。

②保管の低減：在庫は可能な限りゼロに近づけることを念頭に適正在庫レベルを綿密に設定する

③荷役・流通加工の効率化：積み込み、積み卸しの数は最小限とするとともに作業時間、作業者の適正化を行なう

④包装・梱包の簡素化：ムダな包装は極力省くとともに荷姿の標準化を念頭に梱包作業の標準化、効率化を進める

⑤情報の共有化：在庫情報、出荷情報などを中心に庫内外の情報をパートナー企業と共有する

以上①〜⑤については、物流の主要機能に該当するものでもあるが、現代的な物流センターを構築していくうえでは必要不可欠な事柄でもある。それぞれを体系的に結びつけてレイアウトや人員配置を行なう必要がある。

▣――ロケーション選定

物流センターを建設・運営するにあたっては、まず立地の選定を行なわなければならない。ただ

し土地利用条件に制約が多い日本では、最適のロケーションを選定してもそこに思うような倉庫を建設することはむずかしいケースが多い。

なおロケーションの選定にあたっては、以下の条件を考慮する必要がある。

❶輸配送のカバーエリア

物流施設が対象とする調達地やユーザーなどがどのように分布しているのか、を把握することがロケーション選定の最大の要素となる。

❷輸配送の手段

鉄道貨物駅、港湾、空港、トラックターミナル、高速インター、あるいは工場などに近接していれば利点が大きい。また24時間稼働が可能な場所であるかどうか、トラックの進入路や待機場所などにおいて近隣とのトラブルが生じない環境にあるかどうかも重要である。

❸用地の地価・法規制

物流施設の用地取得が容易かどうかも重要な判断材料となる。また便利な場所でも用途地域の指定によっては倉庫、物流センターなどを建設できない場合もある。条例などの規制にも注意する必要がある。

❹情報システムとのリンク

情報システムとのリンクが容易にできる環境が整っているかどうか。データセンター、コールセンターなどを併設する場合にはとくに注意しなければならない。DX（デジタルトランスフォーメーション）への対応にも配慮する必要がある。

❺従業員の通勤の便などの付加条件

物流施設としての立地条件がよくても従業員が通勤しにくい、あるいはパートタイマーなどの確保ができないケースも出てくる。また、立地選定のための基本的なデータとして、たとえば調達地から物流施設までの輸送数量、ユーザーへの配送数量、物流施設への保管数量、配送ルート別の取扱量などを時間帯別、週別、月別、季節別など、状況に応じて検討する必要がある。さらには輸配送、人件費などのコストも事前にシミュレーションを行ない、把握しておく必要がある。

❻都市型と郊外型

消費地近郊に構えられる通過型の物流センターは、都市型と郊外型に大別できる。都市型物流センターはアクセスが便利である反面、収益ベースの問題から多層階が多い。一方、郊外型物流センターは、アクセスは悪いが、面積、有効高、設備も整っていて保管料も安い。

この両者の特徴を踏まえると、ロジスティクス戦略の構築が容易になる。都市型物流センターを入出荷ポイントに、郊外型物流センターを保管ポイントに活用することで、トータルコストの削減を図ることができる。

❼ 環境武装

環境にやさしい物流センターを建設・運営する必要性も高まっている。さまざまな環境に配慮することによって、たとえ物流センターの建築コストが割高となっても、光熱費などのランニングコストを大きく削減することも可能である。太陽エネルギーシステムを導入し、空調や器具に必要なエネルギーを供給するというのも一法である。また屋上緑化、緑地帯への配慮を徹底させることも必要となってきている。環境に対して十分に気を配ることによってウェアハウスの付加価値を高めることもできる。

▣——物流センター建設・運営のプロジェクトマネジメント

物流事業者、あるいは倉庫事業者、物流ファンド主体の不動産開発事業者としては、物流センターの実際の建設にあたっては建設会社や建築士にアドバイスを求めながら、プロジェクト全体を管理していく必要がある。

一般的に物流センターの建設には12～15カ月ほどの期間がかかるとされている。3万3000㎡以上の大型物流センターでは15カ月以上かかることもある。しかし、物流センターがわずか数カ月で完成すると誤解されることは多々ある。建設が早急に必要なケースも多い。けれども物流施設としての機能を戦略的に備え、ＩＴ武装を完全に遂げた倉庫ができあがるにはそれでも時間は足りないかもしれない。

営業倉庫の建設にあたっては、都市計画による用途地域制限にも注意する必要がある。たとえどんなに物流センターの立地に優れた場所でも、第一種低層・中高層住居専用地域、第二種低層・中高層住居専用地域では小規模の自家用倉庫を除いて建てることはできない。「営業倉庫」としての物流センターの建設は、近隣商業地域、商業地域、準工業地域、工業地域、工業専用地域か、指定のない地域でなければ原則として建てることができないのである。

その他、倉庫業法、消防法、駐車場法、宅地造成等規制法などの諸条件を満たす必要もある。入念な事前チェックが必要となる。

▣――物流センターの外部レイアウト

物流センターの外部レイアウトは、形状やレイアウトに大きく影響してくるきわめて重要なファクターである。必ずしも形のよい土地ばかりではない。土地の形状からレイアウトを考慮する必要もある。また緑地帯のバランスなども考慮する必要がある。ウェアハウスの規模や内部レイアウトを考慮しながら入出場車両の数、頻度、規模を決定するわけである。また緑地帯などのバランスを考慮する必要もある。

外部レイアウトのパターンとしては、①双方向・一面道路（ツーウェイ・ワンロード）型、②一方通行・一面道路（ワンウェイ・ワンロード）型、③一方通行・二面道路（ワンウェイ・ツーロード）型が考えられる。一般に一方通行型は作業面で優れているが、双方向型のほうが車両マネジメントはやさしいと考えられる。

❶双方向・一面道路型（ツーウェイ・ワンロード）

中規模以下の物流センターに適している。敷地が道路一面に接していて、敷地内は双方向の場合、出入口が単一であるために入出車両の管理が容易になる。ただし、車両の流れには双方向性があるため作業効率が落ちる可能性も否定できない。

❷一方通行・一面道路型（ワンウェイ・ワンロード）

大規模・大型物流センターに適している。ワンウェイでワンロードにのみ接していることから車両の流れがひとつであり、作業がやりやすい。ただし、出入口が離れている場合は車両の流れをリアルタイムで掌握することがむずかしくなるケースもある。

❸一方通行・二面道路型（ワンウェイ・ツーロード）

大規模・大型物流センターに適している。❷の応用型であり敷地が角地になっているケースなど、特定の条件がそろった場合に考えられる。

▣――物流センターに必要な施設

通過型の物流センターには少なくとも、入荷ホーム、製品・仕入れ商品の荷受場、荷捌き場、検収・解梱場、製品保管場、ピッキングなどの集品作業場、流通加工（プロセスセンター）機能、梱包作業場、梱包資材置き場、ユーザー別仕分け場、出荷検品場、出荷ホーム、出荷積込場などが必要である。

このうち入荷ホーム、荷受場、荷捌き場、検収・解梱場、出荷ホーム、出荷積込場は、トラックバース数やトラック接車エリアとの関係を十分考慮する必要がある。同様に保管場、作業場についてはソーティングスペースとの関係を踏まえてデザインしたい。

また事務室や会議室、応接室、さらには食堂や作業員の更衣室、あるいは洗面所、浴室なども完備していることが望ましい。空調設備も必要である。

❶ソーティングスペース

ソーティングスペースのレイアウトに関しては、保管型と通過型ではレイアウトが異なることになる。一般に保管型では、荷動きは少ないので搬送機は入出庫バースに隣接して設けられることが多い。これに対して通過型では、荷動き、仕分け作業が多くなるために床面積の30～50％を荷捌き場にする必要がある。無在庫型は100％とし、クロスドック対応とすることも可能である。

積み込みのためのソーティングスペースは、入出庫バースの後方に設けられる。このためエレベーターなどの位置も庫内に設けられることが多くなる。

❷トラックバース数

トラックターミナルで一度に処理できるトラックの接車スペースを「バース」という。バース数が少なすぎると利用するトラックは行列をつくることになるし、多すぎるとバースがいつも空いているということになってしまう。複雑なケースでは解決方法としては「待ち行列理論」などを使ってのコンピュータシミュレーション解析が必要となる。また当然のことながら通過型、クロスドッキング対応型のバース数は多くなくてはならない。近年、バース予約システムの導入も進んでいる。

❸トラック接車エリアの設定

荷捌き場とトラックの関係を正確に把握しておく必要がある。コンピュータシミュレーションツールを使っての検証も一法である。また、バース予約システムとのリンクが検討されるケースが増えている。

❹ピッキングエリア

ピッキング通路は、可能ならば一方通行でレイアウトを行なう。入荷ゾーン、入庫ライン、保管ゾーン、オーダーピッキング・ライン、出庫ライン、出荷ゾーンを合理的に配置するようにする。

フローラックを下段にして、その上方にケースラックをメザニン（中二階）として設備する方法もある。パレット単位で出庫するものは出庫ラインからフォークリフトで出庫し、ケースピッキングする。パレットは出庫口で台車に移すなどする。

❺通路

物流センターでは通路の占める割合は大きく、それゆえそのレイアウトは重要である。通路は狭ければ保管効率は上がるが、通路を歩く作業者の効率は低下する。反対に通路が広ければ通行者の負担は減少するが、保管効率は落ちる。作業性と保管効率とのバランスを十分考える必要がある。したがって作業性を無視して通路をつくらないということがないようにしたい。とくにフォークリフト荷役と流通加工がある場合には、荷役性をより一層重視する必要が出てくることもある。

物流センターの通路にはさまざまなパターンが考えられる。物流センターの機能、構造、フォークリフトの活用度、ロジスティクスシステムの全体的なイメージなどがレイアウトを大きく左右する。ただし、通過型では商品を取り出すのに必要なスペースを確保したピッキング通路に、入出庫作業通路を組み合わせたものが多くなってきている。

一例として、道路の幅の目安は2ｔクラスのカウンターバランス型のフォークリフトを想定すると、入出庫作業用の通路で5ｍ程度となる。また一般的な通路は2、3ｍ、枝となる通路では1・2～1・5ｍが必要となる。通路の間隔はフォークリフトによる入出庫作業で10～20ｍ、人が歩いて作業する場合には5～10ｍが目安となる。

安全面での通路確保にも十分に注意する必要がある。流通加工重視型の物流センターではパートなどの人員用通路も必要になる。さらに多層階を単一荷主が使用するような物流センターの建設にあたっては、エレベーターや垂直コンベヤといった昇降設備についても十分な配慮が必要である。

❻保管と通路の関係

棚と保管商品の間にはスペースが生じるが、できるだけムダなスペースが発生することは避けたい。保管有効スペースは概ね、床面積の45～50％程度、実質保管スペースは75～80％といったところである。

❼メザニン

「メザニン」とは、もともとは不動産用語で「中二階」のことで、物流施設についてもメザニンという言葉はよく使われる。外部倉庫の増設が困難なケース、あるいは在庫品が増大した際などに床面積を何倍にも有効活用できるソリューションが、物流倉庫の中二階「メザニン」というわけである。物流倉庫のメザニンには倉庫本体の一階部分に複数のラックを設置、その柱材をそのまま使用して中二階の床とするものや、より強固な専用の形鋼を用いるタイプのものなどがある。

メザニンは、倉庫の使用目的、あるいは荷役機種などのニーズに合わせて設計される。もちろん必要に応じて階段、通路、昇降機などを設ける。メザニンを作業全体の流れを管理するための簡単な事務所として活用している例もある。

物流でメザニンが脚光を浴びるようになった背景には、SCM理論における「バッファーの重視」があげられる。バッファーとは「余白」のことである。生産量とか在庫量などにバッファーを設ける。余白があることで心理的な余裕も生まれ、生産プロセスにおけるトラブルが避けられるとされている。

こうした意味で、物流施設におけるメザニンは、空間的なバッファーと考えられているのである。在庫スペースにおける高度な戦略的な余白がメザニンというわけなのである。とくに欧米では庫内レイアウト、デザインを左右する重要な役割を担ってきた。ただし、メザニンを後から加えると作業効率が低下し、デッドストックの物置となるケースも見受けられる。メザニンの利活用には十分、注意したい。

なお、わが国ではメザニンは、建物の耐用年数同程度の設置期間を前提とすると増築と判断されることもあるので注意したい。同時に消防法による火災に関する安全基準に合うかたちで設置されなければならない。

❽物流センターの規模

物流センターの建設や選定にあたってはスパン（柱間隔）、床荷重、入出庫ホーム、天井高などを入念に検討し、それを踏まえたうえで規模を決定することになる。

5万㎡級の大型物流センターの場合、大規模で1企業だけで使われる「シングル・ユーザー・ウェアハウス」（シングルユース）の場合も多いが、複数のユーザーがウェアハウスの多機能を共有する「マルチ・ユーザー・ウェアハウス」（マルチテナント）としても使用することも可能である。多層階の場合、階ごとに異なった荷主が使用するケースもある。

❾物流センター内の柱間隔・入出荷ホーム

柱間隔（スパン）については、内部に柱を設ける必要性の低い平屋の場合は30～40m、多層階の場合は9～10mが汎用性などに優れているといわれている。一般的に柱間隔は狭いと作業効率が低下するといわれている。物流センターの機能を向上させる意味からも柱間隔はできるだけ広くしたい。柱間隔は10～11mが最適となる。

入出荷ホームのレイアウトも、最も気を配らなければならない事項のひとつである。入出荷ホームには、低床ホームと高床ホームの２種類が考えられる。低床ホームとは地面から段差のないホームのことである。段差がないことにより、庫内外をまたいでフォークリフトやトラックの作業が円滑に行なわれるというメリットがある。ただし、外部からのホコリなどが入りやすいというデメリットもある。これに対して高床ホームは外部からのホコリなどから商品の保護に適している。この場合の床の高さは80～１２０㎝が標準とされている。またトラックの荷台と段差が小さくなるので作業員は直接、商品を取り卸しやすくなる。

なお、どちらのホームが一般的であるかということをあえていえば、低床ホームが多数派であるとはいえよう。これは荷役機器の普及が、作業効率のアップに密接に関わってきていることと関係しているようである。床荷重は、平屋の場合、３・３㎡（１坪）当たり10ｔ、多層階の場合、５ｔ前後が妥当とされている。なお高床ホームの場合は大型平面での取り卸しを考えると、１０・５ｍのバース面の柱が必要となる。

天井高はパレット保管を行なうウェアハウスの標準として、平屋の場合はパレットラック４段積み、多層階の場合は３段積みが一般的である。天井高（梁下）は６ｍほど確保したい。メザニンを設ける場合には天井高を７～８ｍとするケースもある。

またデザインを考えるうえでは防火区画も重要である。庫内レイアウトにも影響する。スプリンクラーを設置することで面積を大きくとる方法もある。

なお、天井部分などに梁《はり》が多いとラックを効果的なレイアウトで使えなかったり、作業効率の向上に支障をきたしたりするケースが出てくることを受けて、フラットスラブを使用することもある。

❿耐用年数

建物の耐用年数についても確認しておく必要がある。倉庫の有形減価償却資産としての耐用年数は倉庫事業の倉庫用の場合、冷蔵倉庫用の場合は24年、その他のものの場合は31年となっている。また倉庫事業用ではないその他のものでは38年というケースもある。個々の事例に合わせて確認しておく必要がある。

⓫トータル物流を実現する物流センター機能

円滑な物流システムを実現するためには、次の機能を物流センターにもたせる必要がある。また物流不動産ビジネスを円滑に推進するためには、物流ユーティリティープレーヤー（第8章参照）を活用する必要もある。

①ターミナル機能
②オペレーション機能

③ コールセンター機能
④ オフィス機能
⑤ ファクトリー機能

ターミナル機能を向上させるには多層階にして上階でピッキング・発送を行ない、集荷効率を上げるという方策もある。

オペレーション機能の向上には24時間の稼働、夜間の荷受、物流施設や人材の有効活用を図り、トラックの実働率を上げるといった選択肢もある。

▣――物流センターの照明・空調などの諸設備

物流センターの諸設備については、人間工学の立場から諸設備をいかに合理的に庫内に組み込んでいくかということも重視されるようになってきている。また情報化に対応する設備の充実も求められてきている。

照明については、一般的に庫内の照明は高い天井などでは、電球を交換する手間を考慮し、長期間にわたって使用可能な水銀灯がかつては使われてきた。しかしＬＥＤ照明の導入が進んでいる。

従来は、一般的には保管場所は１００ルクス、仕分けや荷捌場では２００ルクスの照度が適当とされてきた。しかし物流の高度化に伴い、細かいピッキングなどの増加により、庫内の照明はより明るくなってきている。仕分け場、荷捌き場などでも３００ルクス以上の照度が好ましくなってきたのである。同時にランニングコストを抑えるために、ＬＥＤ照明や高輝度蛍光灯などの導入が一般化してきている。

換気や空調についても十分、注意する必要がある。湿気やホコリを嫌う商品を保管している場合、どの位置に開口部や換気口を設けるかを慎重に検討する必要もある。レイアウトにより換気設備の充実が重要事項となるケースもある。とくに鮮度の管理が必要とされる商品を保管しない場合でも、庫内の温度、湿度を一定に保つために空調設備も必要である。

また防火区画も重要で庫内レイアウトなどに影響を与える。倉庫火災を入念に防ぐという観点からスプリンクラーを多めに設置するという選択肢もある。

多層階の場合、エレベーターは１区画に対し最低１基は必要となるが、縦持ち荷役には連続垂直搬送機が適している場合もある。

■――ラック設備

ラック（棚）についても余裕をもったレイアウトで対応する必要がある。

入出庫に際してラックが大きく揺れたり、ラックに歪みやガタツキが生じたりすることがないように十分、注意しておきたい。ラックが歪んでいる場合、レイアウトを変更しても組み立て直すことが困難となるケースもある。

ラックには1棚当たり500kgを超える重量ラック、150kg超500kg以下の中量ラック、150kg以下の軽量ラックがあるが、さらに用途などにより以下のように分けることができる。このうちとくに重量ラックではパレットに載った商品が保管される。

❶パレットラック

パレットに積載された物品の保管などに用いられる通常のラック。パレット荷役の作業量が増えていることで導入される倉庫が増えている。

❷ドライブインラック、ドライブスルーラック

ラック内に直接、フォークリフトを乗り入れられるラック。保管スペースとフォークリフト通路が兼用できる。通路を最小限に抑え、保管効率を上げることができる。

❸モービルストレージラック（移動ラック）

モービルストレージ移動（移動ラック）とは、棚がレールに乗っていて移動できるラックのことである。わずかな保管面積に多くのラックを設置できるので、都市型物流センターに向いている。

入出庫時にはラックを移動させることでフォークリフトの通路を空ける。ちなみに米国などの広い土地の確保できる国ではほとんど使われない。

❹フローラック（流動ラック）

フローラックとは、荷受レールの代わりに入庫側から出庫側にローラーコンベヤのあるものでパレット貨物を移動できるものである。フローラックを活用すると、通路数を少なく、作業員の移動距離を短くできる。またピッキング作業との相性もよい。保管密度をさらに高めるために、フローラックの上に移動ラックを載せる方法もある。

❺回転ラック

水平式、あるいは垂直式に回転するカルーセル方式のラック。軽量、小物を集品するのに優れている。あるラックからピッキングしている間に別のラックが回転して手元に移動してくるので、待ち時間なくピッキング作業に入れる。

❻積層ラック

メザニン方式で活用できるラック。メザニンへの注目度が高まるなか、積層ラックの重要性も増してきている。

❼スライド・ラック

前方向にスライド式になっているラック。

❽ **カンチレバー・ラック**

片持ち梁構造のラック。

❾ **ハンガー・ラック**

ハンガー用のラック。

❿ **立て掛けラック**

建材などを立て掛ける際に使うラック。

⓫ **ベリーナローアイル・ラック（VNA）**

通路を狭くでき、保管効率を高める。ラックをできるだけ高くする必要がある。

▣――自動倉庫

自動倉庫をどのようなかたちで導入するかということも庫内レイアウトを大きく左右する。ロジスティクスオペレーションを効率化する方策としても、自動倉庫の導入は有力な選択肢である。自動倉庫のおもな種類は次のようになる。

❶ **スタッカークレーン式自動倉庫**

スタッカークレーンを用いて入出庫口、保管ラックにアクセスするタイプの自動倉庫で、広く使われている。自動倉庫の代表的な存在である。物流センターにおける入荷、保管、ピッキング、出荷などの保管機能の中核となる。棚数、取扱量は用途に合わせてさまざまである。

❷カルーセル式自動倉庫

横型カルーセルと縦型カルーセルがある。スタッカークレーン式に比べて入出庫頻度が高い場合に使われる。処理能力が優れている。ただし、荷姿が限定されるなどの制約も多い。縦型は電子部品などの小物を対象にし、比較的、入出庫頻度も低いものにも使われる。

▣――倉庫・物流センターの内部レイアウトの注意点

❶平屋建て

流通加工、保管数量の増加などに対応し、必要ならばメザニンを設けることにする。その場合、流通商品はスラットコンベヤでつなぐか、パレットをフォークリフトで上げられるようにする。

製品倉庫の場合などは、荷役機器導入のポイントはフォークリフトにあることに留意すべきである。資材倉庫の場合、保管日数の長期化も考慮に入れて、パレットラックを設置して、保管効率と作業効率の両面に配慮する必要がある。

❷ 多層階

トラックの出入口をどのような視点から設計するかが重要なポイントとなる。１階は入出荷中心、２階にはたとえば流通加工が必要な場合は加工場、あるいは事務所を設けてもよい。トラックバースを左右に分けることで、入出庫を分けるデザインが多い。スロープを設けて、１階はターミナル機能、２階以上をディストリビューション機能とする。加工場などに女子作業員が出入する場合には、女性作業者のための休憩室を設ける必要も出てくる。

段ボールなどの解梱は各階で行なう。各階の垂直搬送機からの取り出し口とその前は作業スペースとして空けておく。流通加工を中間階にもってくることで、暖房費などを節約することも可能となる。また、縦持ち荷役には、エレベーターを用いるよりも連続垂直搬送機を使用するほうが効率的である。

なお、電子機器などの物流を扱う場合、床表面を樹脂加工することで静電気防止加工を施すということも一考に価する。ただし、床が滑りやすくなるという欠点もある。またコストの点でもやや高くなることを考慮しておきたい。

■——自走式物流センターの利点

都心の大型ウェアハウスでは各階、ブロックごとに独立性をもたせた「自走式ウェアハウス」が相次いで建設されている。種類としては2階までが自走式のものと3階以上の上層階まで自走式となっているものとがある。自走式のメリット、デメリットは荷主企業の業種、取り扱う商品などによっても異なるので一概には判断できない。共益費とのバランス、オペレーションの方法などによっても状況は変わる。

一般に自走式のメリットとしては、各階にエレベーター、垂直搬送機などが不要なのでそのためのランニングコストがかからないこと、ダブルハンドリングが不要となるためフォーク荷役の人件費、設備費が削減できることなどがあげられる。各階の独自性が保てることがメリットとなる場合もある。

ただし1フロアを複数社で使用した場合、垂直搬送機などが必要となる場合も出てくる。またセキュリティに十分な注意を払う必要が生じるケースもある。

■——庫内レイアウトの設計プロセス

庫内レイアウトは次の設計プロセスで行なうことが一般的である。

すなわちまず、庫内のそれぞれのオペレーションに必要とされるスペースと、それぞれのプロセスの関係を物流センターの規模を考慮しながら決定する。

入荷仮置き場、パレット保管エリア、ケースピッキングエリア、バラピッキングエリア、パッキングエリア、流通加工エリア、仕分けエリア、出荷仮置き場、クロスドッキングエリア、さらには事務所、更衣室、洗面室などを確保しなければならない。

また、物流センターの屋根が高い場合、中高層ラック、もしくはメザニンを設けるなどして、スペースの有効利用を図り、作業効率を上げることができる。

エレベーターや搬送機の前では荷役が激しくなるので床面補強が必要となる。梁を入れるなどでコンクリート補強をする必要がある。

物流センター全体の床面積を節約するには、建物の柱を保管ラックの中に取り込んだり、保管用ラックや通路を内壁に沿ってレイアウトしたりすることが有効である。通路の上方を保管スペースに確保できるオーバーアイル保管システムの導入も一案である。保管用ラックを物流センターの長い辺に平行に組み込むことでもスペースを節減できる。また固定ロケーションではなくフリーロケーションを導入することも効果を発揮する。高層ラックの通路部分を補強しておく必要もある。

次にオペレーションの機能の相互関連性を考慮する。

たとえば、入荷から保管エリアへの商品の流れが大きければ、それを踏まえてレイアウト設計が必要となる。平屋建ての物流センターの場合、基本的なレイアウトとしては、U字型、直線型、組み立てユニット導入型の3パターンが考えられる。

❶U字型

入荷から出荷への一連の庫内の流れをU字型にする。入荷口と出荷口を隣接させて、クロスドッキングを容易に行なう設計とする。格納からピッキングへの流れを滑らかにすることで、フォークリフトなどの物流機器の効率的な活用を図ることができる。

❷直線型

クロスドッキング業務に特化した平屋の物流センターに適している。入荷から出荷の流れを直線的にする。平屋の十分なスペースを活用し、一連の庫内荷役を直線上にもってくることで作業効率のアップを図る。

❸組み立てユニット導入型

周辺に関連施設などがない独立性の高い大規模・大型物流センターに適している。最新鋭のピッキングシステムや仕分け機などを必要に応じてユニットとして組み込むことで、物流センターの庫内レイアウトに付加価値をつけていくという発想である。

■――シングルユーザーによる物流センターの活用

まちづくりの拠点としての「物流センターの総合施設化」という流れがさらに強まってきている。その点を踏まえて、多層階型のシングルユーザーの物流センターの場合、1階がターミナル機能、2階以上が高度なロジスティクス機能やプロセスセンター機能も含んだ総合物流施設という構造がこれからの通過型のひとつの理想型と考えられる。2階まではロードランプ方式、自走式となり、3階以上ではエレベーター、垂直搬送機などもケースバイケースで導入することになるだろう。

第3章 物流センター起点の効率化の方策

物流センターにはWMSをはじめとする情報ネットワークがはりめぐらされ、熟練した作業者の代わりに高度なマテハン機器が庫内のオペレーションの中核を担う存在となっている。

そして物流センターのハード面についても庫内の効率化に対応できるスペックが求められるようになった。

（1）物流センターの自動化・無人化

自動化から無人化へ

物流の概念は、戦争のたびに進歩してきたといわれている。そして現代の戦争もロジスティクスのあり方や考え方が反映されている。実際、戦争の戦術、戦略がロジスティクスに応用されていったことも少なくない。ちなみに軍事における物資補給は「輜重《しちょう》」といわれた。

たとえば、戦後の大量消費時代の代表的な戦争はベトナム戦争だった。ベトナム戦争では「絨毯《じゅうたん》爆撃」という戦術がとられた。これは米軍が南ベトナム民族解放戦線を倒すために、「絨毯を敷きつめるように、目標地域を一斉に徹底的に爆撃して勝負をつけよう」という発想のもとに行なわれたものである。大量に爆弾を使用することで一気にケリをつけようというものだった。ある意味、大量消費時代を象徴するような戦術であったわけである。

しかし時代が変わり、湾岸戦争、あるいはイラク戦争になると、米軍は「狙ったところを間違いなく爆撃する」いうピンポイント爆撃という戦術をとるようになった。ムダな爆撃は可能なかぎり避けるようになったのである。さらにいえば、機械化、ＩＴ化、無人化などの軍事で活用されたさまざまな技術が、ロジスティクスの分野にも適用されてきた。

「無人化」については、近年、軍事関係において急速に進んでいる。無人ミサイル、無人戦車、無人迎撃システムなどにより戦争における省人化が進められてきている。無人ヘリコプターや無人飛行機は自らの判断で航路を決めるし、無人警備システムでは敵か味方かを人間ではなく、コンピュータが判断して必要と見なしたならば、射撃するなどの防衛手段を講じている。

そして、ここにきてビジネスでも無人化が大きなトレンドとなってきている。たとえばネット通販の配送などでは、ドローン（無人機）で宅配便などの輸配送を行なうことも不可能ではなくなってきた。

「受発注処理、在庫レベルの管理、共有すべき情報の提供、生産計画、さらには工場、物流センター、店舗などのオペレーションをコンピュータが判断し、無人化された関連機器、什器《じゅうき》などにより作業が行なわれる」という状況が、近未来に相当な確率で実現するとも考えられるのである。

これまで、省人化の流れのなかで、多くのオペレーションは手作業から機械作業にシフトするかたちで自動化が行なわれてきた。ＲＦＩＤ（非接触タグ）の導入などもその流れである。小売店舗などでは主要商品にＲＦＩＤタグを装着し、情報を読み取ることにより、レジの無人化を実現することに成功した事例も、多々報告されている。物流センターのオペレーションでもＲＦＩＤをレンタルパレットなどに装着して、出荷、在庫情報の可視化を行なう流れが加速している。

実際、トレンドは自動化から無人化へとシフトしつつある。「考える人型ロボットによるサプライチェーンの構築」といった話も、現実性を帯びてきているといえよう。

■——目覚ましい人工知能の進化

それを支えるのが、近年の人工知能（ＡＩ）の進化である。これには目を見張るものがある。たとえば、インターネットなどで行なえる自動翻訳なども高いレベルに達してきている。

しかし、どうしてそのようにＡＩが劇的に進化したのだろうか。

専門家に聞くと、その大きな理由はアルゴリズムの高度化にあるという。これまでの無人化とか高度なアルゴリズムによる人工知能の進化といった考え方がピンとこない人は、身近な事例として将棋などの屋内のアナログゲームを考えてみるとよい。

チェスも１９９７年に当時チェスの世界チャンピオンだった、ガルリ・カスパロフがディープブルーというコンピュータに敗れて以来、人間に勝ち目がなくなった。将棋や囲碁も人間はコンピュータに勝てなくなった。

そしてこれがビジネスの世界にも応用されようとしている。たとえば、ネット上での販売履歴、購入履歴をもとに消費者に次に買うべき商品を提案するといったシステムは、将棋などのアルゴリズムと大きな共通点があるということになる。

そしてさらにいうと、ビジネスの世界においては物流がＡＩの標的にされつつある。すなわち倉庫・物流センターの無人化である。自動搬送車（ＡＧＶ）や無人フォークリフト（ＡＧＦ）、ＡＩ搭載の自動倉庫や在庫管理システムが、近未来の物流センターの中核に据えられる可能性がきわめて高くなってきているわけである。

本章では近未来に必ずや訪れる無人化される物流センターで想定されるオペレーションを踏まえつつ、庫内業務の最適化の方向性を示唆していく。

▣——物流センターにおけるピッキングの重要性

庫内オペレーションにおいてピッキングの占める割合は高い。ピッキングは物流センター業務のなかで最も労働集約的な機能なのである。したがってピッキング効率を上げることで、物流センター業務全体の効率化も促進できるのである。

物流センター業務で採用されるピッキングシステムには、出荷先ごとに商品を保管場所から集めるオーダーピッキング（摘み取り式）や、複数の種類の商品をまとめてピッキングして後で配送先ごとに仕分けを行なうバッチピッキング（種まき式）がある。種まき式は出荷数が少なく二重チェックが必要な在庫管理などにおいて優れている。

高層ラック倉庫のピッキングは、次の2通りの方法のいずれかで出荷場所まで横持されることになる。

①ピッキングクレーンで作業員が棚へ行ってのピッキング作業
②スタッカークレーンが指示された条件通りに自動走行してのピッキング作業

なお、作業者がピッキングする場合には、台車、ベルトコンベヤなどで出荷場所に商品を移動させることになる。また自動ピッキングの場合は、ピッキングしたパレットをそのままフォークリフトで移送させるか、移送用のベルトコンベヤで出荷場所に移すのが一般的である。

作業効率を上げるということから、最新のロジスティクス理論では、「いかにピッキングを省くか」ということから2つの方策がとられるようになった。ひとつはピッキングにおける自動化、もうひとつはクロスドッキングシステムである。

■――ピッキングシステムの導入

ピッキングの自動化に関しては、物流機器メーカーが次のようなピッキングシステムを販売し、対応している。これらを戦略的に組み合わせて使用する物流施設が望まれている。

①デジタル式オーダーピッキングシステム：棚などに取りつけられたデジタル表示器の指示に従って、商品を摘み取っていく。少品種多量から多品種少量まで、幅広い用途に対応したシステムの構築が可能である。

②ピッキングカート式オーダーピッキングシステム：台車に表示された指示に従って、棚から商品を摘み取って台車の各間口に仕分ける。ピッキング／検品／仕分けが同時に行なえる。複数

オーダーを一度に処理することも可能である。

③デジタル式種まき式ピッキングシステム：棚などにつけられたデジタル表示器の指示で商品を種まき式にピッキングする。入荷した商品を即座に仕分けての出荷に対応できる。

❶保管エリアとピッキングエリアの関係

出荷作業を効率的にシステマチックに行なうには、保管エリアとピッキングエリアを有機的に結ぶ庫内レイアウトが重要となる。物流センター内の在庫量が少なければ、保管スペースは少なくて済む。同時にピッキングの際の移動時間も短縮できる。

近年は保管エリアをストック保管エリアとピッキング保管エリアに分割し、ピッキングにより減少した商品を、ストック保管エリアからピッキング保管エリアに補充するという方式がとられる場合が増えている。

またピッキングエリアを、バラピッキングとケースピッキングに分割することで、補充回数を減らすという方策もよく見られる。保管エリアとピッキングエリアを分割することによって、ピッキングの効率を10倍から20倍も上げることが可能という指摘もある。

❷ケース出荷とバラ出荷のバランス

ケース出荷とバラ出荷を、いかにウェアハウス戦略に組み込んでいくかが議論になることもある。

物流センター単位でケース出荷、バラ出荷にそれぞれ重きが置かれているケースもあるが、ケース出荷とバラ出荷が同一センター内で分業体制が敷かれているケースもある。ちなみに日本の多くの企業では、ケース・バラ分業が一般的である。もっともここにきて、従来のシステムを改良してのケース出荷・バラ出荷の一体システムも考案され、注目を集めている。いかに庫内でコンベヤを活用していくかも大きなポイントである。

❸入庫方法についての注意

入庫方法や入庫補充のタイミングは、情報化推進によってリアルタイムに対応できるようにすることが重要である。また商品の回転数をデータ化し、レイアウトを考慮することでトータルなエリア管理を行なう必要がある。

▣――庫内運搬の効率化・荷役

❶フォークリフトの活用

ウェアハウス内の効率化を推進するためには、フォークリフトをいかに管理していくかということも大きなポイントとなる。フォークリフトは、重量物の運搬作業の効率アップに不可欠で一般的な物流機器である。正しい知識のもとに管理される必要がある。

一般にフォークリフトは、ディーゼル、天然ガス、ガソリン、あるいはバッテリーなどを動力源としている。パレットをフォークリフトに搭載というかたちで作業が行なわれる。なお、1t以上のフォークリフトの運転は、「フォークリフト運転技能講習」を修了した者でなければ行なえない。また1t未満でも特別の教育を受けさせることが事業者に義務付けられている。

庫内環境を考慮してバッテリー使用のフォークリフトを使用することが多くなっているが、バッテリーの性能や費用対効果で活用法を判断する必要がある。ただし、重量の大きい水などを取り扱う場合、パワーのあるディーゼルなどが必要となることもある。

フォークリフトはわが国の物流の現場では戦後長きにわたって活用されている。その歴史は長く、世界初のフォークリフトは1920年代に米国で発明されたといわれている。日本で国産第1号が登場したのは1949年のことで、ちなみに日本製のフォークリフトは高性能であることでも定評がある。

❷フォークリフトの種類

主要なフォークリフトの種類には次のようなものがある。

①カウンターバランスフォークリフト：いわゆる「普通のフォークリフト」である。車体の後方部が積荷の重さとバランスをとっている。不安定な地面での走行も可能で機動性が高い。

②リーチフォークリフト：フォークの先端よりも前方に車輪があり、狭い場所での作業に向いている。小回りがきき、平たんな床での走行に向いている。
③サイドフォーク・リフト：車体の進行方向に直角にフォークがついている。
④ストラドルフォークリフト：車体前方に張り出したリーチレッグによって車体の安定を保ち、フォークが両方のリーチレッグの間に降りるタイプのものである。
⑤オーダーピッキングトラック：昇降する荷台に乗って作業できる。
⑥ウォーキーフォークリフト：運転手が歩行しながら操縦できる非乗車型のフォークリフトである。
⑦ラックフォークシステム：運転席とフォーク部分が上昇・下降し、フォーク部分がシフト、旋回するのでパレット作業だけではなくピッキング作業にも適応できる。中高層ラック倉庫などにおける多品種少量品出庫作業に対応できる。

なお、フォークリフトについては近い未来には人工知能を活用し、オペレーションをプログラミングされた無人フォークリフトが活用されていくことになるだろう。

❸パレットの活用

パレットはフォークリフトと組み合わせて活用することで、その機能を増幅することが可能となる。ただしパレットサイズが異なると、フォークリフトなどの物流機器も異なる可能性が出てくる。わが国では、木製及びプラスティック製の平パレットが1100㎜×1100㎜を標準サイズとする動きが進められてきたが、実務上、効率が悪いケースも少なくない。なお、パレットに関しては工業標準化法によりJIS（日本産業規格）が定められている。

パレットには木製、プラスティック製、金属製などがあるが、木屑が出ず軽く腐らない、釘が出ることがないなど、標準サイズではコストパフォーンマスがアップしていることからプラスティック製が多用され始めている。またパレットには輸送機能に加え、保管機能もあり、平置きではパレットを利用し、その上に商品を置く方式がとられている。

重量ラックにはパレットが置かれることが多い。パレットには平パレット、ボックスパレットなどがある。保管効率、積載効率を上げるためにシートパレットが使われることもある。平パレットの種類についてはここでは名称だけにとどめるが、二方差しパレット、四方差しパレット、けたくり抜きパレットなどがある。なお、自社保有ではなく、レンタルパレットを導入することでコスト削減を図ることが可能である。

❹ロケーション管理

ロケーション管理によって、作業移動効率を上げることができる。また商品知識の少ない作業員が的確に業務を遂行できるようになる。ロケーション管理とはロケーション番号を棚間口ごとに設定し、ゾーン、棚番号、通路番号などをアルファベットと数字を用いて指定し、その所在を明らかにする管理方法である。

商品ごとに保管位置を登録する保管エリア向けの「フリーロケーション」、商品ごとに保管位置を指定できるピッキングエリア向けの「固定ロケーション」とがある。検品作業はバーコードをスキャナーで読み取る方法がとられるのが一般的である。

ロケーション番号をバーコードで棚間口に貼り、作業ごとに読み取る方法もある。ロケーション管理を徹底することで在庫削減、誤出荷防止などの効果も出てくる。

■ ── クロスドッキング機能の推進

多品種の商品を荷受けして、即座に需要先に仕分けて発送する積み替え業務をクロスドッキングという。クロスドッキングを推進することによって、オーダーピッキングを省略することができる。

クロスドッキングにおいては、とくに時間帯のコントロールが不可欠となる。クロスドッキングでは、商品はサプライヤーからエンドユーザーに、直接出荷される。物品は物流センター内に長期保管されることはなく、一連の庫内業務を大幅に省略することも可能となる。クロスドッキングでは大規模な物流機器や設備を物流センターは必要としない。

ただしスムーズなクロスドッキングには高度な物流ノウハウが必要となる。クロスドッキングを円滑に行なうためには、トラックがどのような商品を積んで何時に到着するかという事前出荷情報が必要となる。それによって商品の在庫引当はトラックが物流センターに到着する前に行なわれることが多い。

▣——一貫パレチゼーションの推進

メーカーがパレットに載せた商品を、途中で積み替えることなく最後まで一貫してパレット輸送する方式を、一貫パレチゼーションという。

一貫パレチゼーションを行なうことで、ロジスティクスオペレーション全体の機械化、効率化を推進し、作業効率をアップさせることができる。

(2) 物流センターの情報化

▣——情報拠点としての物流センター

ウェアハウスマネジメントシステム（WMS）は、サプライチェーンマネジメント（SCM）において重要な役割を果たしている。その主要機能は、入荷検品、入庫棚入れ、保管在庫管理、ピッキング・出庫、梱包・出荷、クロスドッキング、流通加工、物流施設コスト管理である。

WMSは、物流センターにおける入荷から出荷までの流れを、在庫の最小化を図りながら低コストで遂行するシステムである。SCM支援機能と庫内作業支援機能に大別して考えることができる。

❶ SCM支援機能

サプライチェーンにおける物流センターは、生産拠点からエンドユーザーまでのモノの流れをシームレスに管理する司令塔といえよう。したがって、この視点からリアルタイムでの庫内在庫や作業状況の掌握を可能とする必要がある。物流関連のビッグデータの集約拠点でもある。

さらにいえばクラウドを活用して、庫内在庫の状況のみならず複数拠点間の在庫の同時把握やインターネットとのリンクも求められる。

❷ 庫内作業支援機能

庫内作業の進捗状況をつねに確認しながら現場に指示を送る必要がある。受注件数、処理件数などを現場に表示し、作業進行の目安を示すことで作業員の技術面における個人差を最小限に押さえ、高い生産性を実現すると同時に納期遵守やリアルタイムでの在庫精度のアップにつなげる。またピッキングの精度を上げるなどの作業の綿密化も目指す。

またWMSを導入し、在庫量の大幅な削減に成功することによって、空間の有効利用も可能となる。

■——WMSの導入によるメリット

WMSを導入することによってDX（デジタルトランスフォーメーション）化、さらには無人化の進む物流センターには次のような利点がある。

❶庫内情報管理の徹底

バーコードシステム、RFID（非接触タグ）などを導入しての入出庫検品や格納ロケーションが可能となる。モノと情報を一元管理できる体制が整うわけである。

その結果、作業精度は高まり、誤ピッキング、誤出荷なども減少する。入出庫検品システムにより瞬時の在庫情報の更新も可能となる。無論、将来は人工知能とのリンクも重要なテーマとなってくるだろう。

❷社内外との情報共有の推進

出入庫情報、在庫情報などをたとえば販売など、社内の他部署と共有することが可能となる。またクラウドの活用などでビッグデータを共有することも可能となる。

❸庫内作業の標準化

WMSの庫内作業支援機能により、作業員の作業効率と精度は向上する。作業指示情報は受注情報などをもとにできあがるので、庫内のモノの流れもスムーズになる。また目的の商品のロケーションがシステムで管理されているので、補充作業の担当者以外でも在庫確認や補充作業を容易に行なえる。

❹作業の進捗状況の把握

WMSにより作業の進捗状況をリアルタイムで把握することも可能となる。さらにWMSは、各作業員の進捗状況をデータ化して分析し、各作業員の作業効率などを評価する労働管理機能も持ち合わせている。また作業の進んでいる場所から遅れている場所に移動したり、作業を再分配したりするように作業員に遠隔指示を出すことも可能となる。ピッキング、検品などの完了した件数など、作業の進捗状況の具体的な数値を現場に表示することで、作業員のやる気を引き出す効果もある。

❺フリーロケーション

バーコードや自動認識システムなどを使った情報管理を徹底できることで、固定ロケーションではなくフリーロケーションを採用できるようになり、その結果、空間の利用効率も向上する。庫内全体にロケーションを設定することで、保管エリア以外の全エリアでの在庫管理も可能となる。さらにはパレット単位、ロケーション単位での「検査済み」、「未検査」などのステータス管理も実現できる。

❻ 情報武装によるクロスドッキングの円滑化

WMSの導入によりクロスドッキングを円滑に行なうことも可能となる。入庫検品後に格納しないで直接、出庫するクロスドッキングは、事前出荷通知システム（アドバンスド・シッピング・ノティス：ASN）をベースに行なわれる。ASNシステムとは、出荷者が荷受人に、商品の到着前にどの商品がどれくらい入庫するのかということを知らせる情報システムである。

ASNには入庫予定日、発注番号、商品コード、数量などが項目としても設けられており、入庫検品ではASNと実入庫のチェックが行なわれ、同時に商品はクロスドッキング分と補充在庫分とに仕分けされる。そして仕分け作業でクロスドッキングされる商品と仮置きロケーションが表示され、残りの補充在庫分は保管ロケーションに格納される。またクロスドッキングをまず行ない、残りを補充在庫分と見なし、保管ロケーションに格納する方法もある。クロスドッキングの運用により在庫回転率の向上や格納業務の効率化などのメリットもある。

▣――WMS導入の効果

WMSの導入効果には、次のようなものが考えられる。

❶在庫管理の強化

庫内の在庫をリアルタイムで掌握することによって、過剰在庫、安全在庫を極小化し、欠品を最小限に抑え、納品率を向上させることができる。また日常の在庫の変動に関する諸データを発注先のコンピュータに送ることで、自動発注が行なえる。

❷生産性の向上

リアルタイムの業務、業務プロセスの最適化などにより、納期リードタイムの短縮、コスト削減、売上増大などが図れる。

❸運用コストの低減

在庫量の正確な把握により、実地棚卸にかかるコスト、時間などを低減することが可能となる。人手のかかる確認作業などを最小限にすることで、コストの削減を図れる。

❹顧客サービスの改善

リードタイムの短縮、納品率の向上、流通加工などの付加価値サービスの提供などで顧客サービスを改善し、注文当たりの利益率をアップさせることも可能となる。

ができる。

❺ 物流センターの付加価値向上

マテハン機器や保管スペースの利用効率を向上させることで、物流施設の全体価値を高めることができる。

▣——TMSとのリンク

輸配送管理システム（TMS）は、WMSとリンクさせて構築されるロジスティクスを支える重要な情報システムである。

ロジスティクスオペレーションは入荷から入庫、格納、保管、ピッキング、出庫、出荷、輸配送と続く。したがって輸配送はいわば、ロジスティクスオペレーションの出口である。トラック台数、稼働時間、走行距離などを十分に検討した綿密な配送計画によって、さまざまな配送条件を満たすことが可能となる。そしてそのための支援システムがTMSである。TMSは輸配送ルートの最適化を図りながら積載効率の向上、配車計画、車両運行管理などを行なう情報システムである。

出発時間、走行位置、走行経路、積荷情報、到着予定時間などのリアルタイムの諸情報を、車載端末などと結ぶことも可能となる。車載端末を使うことで、運転日報などもシステマチックに管理することができる。

第4章

倉庫・物流センターのプロファイリング

倉庫物流センターがどのようなロジスティクスパフォーマンスを実現できるかということは、物流センターなどのハード面の特性とも密接な関係がある。

そこでロジスティクスの視点から「よい物流センター」、「悪い物流センター」を捉えるための指標を概観していくことにする。

(1) 倉庫・物流センターの評価・分析

倉庫・物流センターの評価については、さまざまな指標をもとに行なう必要がある。ここからは、ウェアハウス評価に必要な重要業績評価指標（ＫＰＩ）について解説していくことにする。

▣――指標1：物流センターの立地

倉庫・物流センターの地理的ロケーションは、調達地からの距離、顧客分布、労働力の確保、土地費用、周辺道路環境、近隣環境などを総合的に判断して決定される必要がある。

メーカーや卸売業の場合、納期を念頭に置いての商品の保管機能が重視されるので、「いかに納期を守るか」といった視点から物流拠点のロケーションが決定されることが多い。

一方、小売業や宅配便の場合は、積み替えなどの仕分け機能が重視される。複数の生産拠点からの異なる商品を物流拠点でまとめて混載し、配送するというケースが多くなるからだ。クロスドッキングの機能も重視される。こうしたメーカー、卸売業、小売業の微妙な戦略、戦術の相違も考慮しながら、地理的ロケーションは検討されなければならない。

▣――指標2：物流センターの外観・構造

物流センターの位置、方向など、建屋、屋外構造物などは、物流センターの価値を定めるうえで大きな要素となりうる。近年は、物流センターの建物の外観は企業イメージにも直結することから、重視されてきている。平屋建てか多層建てか、荷捌き場やトラックバースの方位、方向、フェンス、門扉の位置、高さ、構造、野外照明、排水溝、給電設備、防火設備の有無なども重視される。

▣——指標3：庫内レイアウト

庫内レイアウトについては売上高，取扱商品とその販売方法などを考慮したうえでコンベヤ，ラック，自動倉庫，垂直搬送機，デジタルピッキングシステム，自動仕分け機などが効率的に配置されなければならない。入荷・入庫から出庫・出荷までモノの流れがスムーズであることが基本条件となる。

▣——指標4：ウェアハウスマネジメントシステム（WMS）の構築度

ＷＭＳについては，データ量，入荷，在庫管理，棚卸，出荷，受発注など，庫内作業支援システムが円滑に機能しているか，ＳＣＭ支援システムが十分に機能し，庫内外，社内外との情報共有化が推進されているか，さらにはどのようなアプリケーションが使用されているのかという点を分析する。物流ＤＸとのリンクも重要なポイントである。

▣——指標5：機械化・自動化・無人化

フォークリフト，ピッキングシステム，自動仕分け機，自動倉庫，ラックなどが戦略的に選択，採用されているかどうかは，物流センターの評価における重要なポイントとなっている。

▣——指標6：庫内の作業システムの単純化・効率化

作業員の労働効率、あるいは庫内の整理整頓やセキュリティなどへの取り組み方なども、評価の重要な指標となりうる。またピッキングミス率、誤配送率、物流センターの稼働率などの改善も重視される。保管効率のみを重視し、ピッキングなどの円滑な作業効率が軽視されていることはないか、在庫の一元管理に対する作業員の意識が徹底しているか、なども重要なチェック項目である。

▣——指標7：在庫管理のノウハウ

単品管理、ロケーション管理、スペース管理、不稼働在庫率などから、在庫管理のノウハウを知ることができる。効率の悪い在庫管理のノウハウしか持ち合わせていなければ、物流センターは十分に機能しないことになる。

▣——指標8：人件費・不動産賃貸料など

人件費や不動産賃貸料、リース料なども物流センターを評価するうえで大きなウエイトを占める。また、それぞれの企業や事業の固有の事情、あるいは特殊性なども考慮して評価しなければならない。

■——指標9：ランニングコスト・メンテナンスコストなど

電気消費料、いわゆる照明費用、エアコン費用、エレベーターなどのランニングコスト、そして設備や施設に関するメンテナンスコストなどを最小限にできるデザインや機能を備えた施設が必要となる。またそれを考慮してのファシリティマネジメント（施設管理）も不可欠となってくる。

(2) 物流センター業務・ロジスティクス戦略とのリンク

物流センター業務を実際に展開に活用する企業のSCM構築度についても評価する必要がある。ECRスコアカードなどをもとに、ウェアハウスオペレーションの周辺を強化する評価指標を示すと以下のようになる。

■——指標1：戦略・プランニング

戦略・プランニングとしては、以下の指標がある。

① 効果的補充を支援する組織構造
② ディストリビューターとの補充計画の統合

③ 在庫戦略

物流をオペレーションで捉えるだけではなく、戦略面から捉える必要がある。在庫戦略や補充支援システムの構築が指標として大きな意味をもつことになるといえる。

■――指標2：オーダーマネジメント

オーダーマネジメントとして以下の指標がある。

① オーダープレースメント
② オーダー強化
③ 在庫追跡

受注情報をサプライチェーン全体で共有するという視点が重視され、オーダーマネジメントの指標が3項目加えられている。従来、オーダー情報は直線的なつながりでしか伝達しない傾向にあったが、在庫追跡を徹底することでサプライチェーン全体での情報共有化が促進される。

参考：完全注文達成率の活用

欧米でオーダーマネジメントにおいて重視されている指標に「完全注文達成率」がある。

「完全注文」とは、顧客サイドから見た受注、納品、請求までの一連のプロセスが何のミスもなく処理されることで、その達成率を完全オーダー率（完全注文達成率）という。

一連の流れのなかで、受注ミス、欠品、納品伝票ミス、誤出荷、請求書ミス、請求遅延などが発生すれば、「顧客が満足するかたちで注文が達成されたとは考えない」と捉える。

完全注文のプロセスを確認すると、まず受注についてのミス、あるいはエラーが発生しないようにする。受注ミスが発生すれば、それが原因で出荷すべき商品が未出荷となり、顧客の手元にはいつになっても発注品は届かない。受注をきちんとこなしたならば、欠品の有無が確認されなければならない。ここで受注した商品に欠品が発生していては、完全注文は達成されないということになる。高頻度出荷品を中心に欠品の有無を常日頃からしっかり確認し、欠品率をゼロに抑えておく必要がある。

欠品となっていなければ、納品伝票を発行することになるが、ここでのミスが発生しないように注意する必要がある。納品伝票が誤って発行されれば、正確な配送が不可能になる。もちろん、実際の配送業務において、誤配送が発生することは絶対に避けなければならない。なお、配送は正確に行なわれるだけでなく、納期を遵守して行なわれなければならない。

さらに、正確な配送が交通事故などの発生なしに納期遵守のもとに行なわれたとしても、運送事業者などのミスで商品に破損や汚損があれば、完全注文は達成されない。梱包空間率を最適化したうえで汚れ、損傷なく、届けるように努めなければならない。

そして最後に請求書がきちんとミスなく、最終顧客にまで届いているかを確認する。請求書が送られ、顧客が代金を入金することで完全注文が達成されると考えられる。

ちなみに静脈物流についても、回収作業、リサイクル／リユースなどへの中間処理、廃棄埋立処分などの最終処理、再生品の市場への再投入といった一連の過程について、完全注文達成率を設定することが可能である。

なお、完全注文達成率は次の計算式で算出される。

【計算式】 完全注文達成率（％）＝完全注文件数÷注文総件数×100

■——指標3：輸送効率性

輸送効率性に関する指標は以下のとおり。

① 輸配送計画・通知
② 荷積み・準備
③ 輸送最適化

④代替フロー
⑤船積荷追跡

輸送効率化の項目としてはどれも伝統的な指標といえる。輸送最適化は全体最適という視点からの最適化で当然のことながら、部分最適の実現ではない。しかし、輸送効率性はサプライチェーンの全体最適の推進にあたっても中心的な指標群となっている。

▣――指標4：物流センターのオペレーションの簡素化

オペレーションの簡素化については以下の点を考慮する必要がある。

①クロスドッキングの推進
②ピッキングシステムの自動化・ＩＴ化
③ＷＭＳの構築

▣――指標5：継続的補充プログラム

継続的補充プログラムは、欧米ではＳＣＭのさらなる進化のキーワードとなっている。したがって、指標も多くなる。ＶＭＩ（ベンダー・マネジド・インベントリー）やＪＭＩ（ジョイント・マネジド・インベントリー）もここに組み込まれ、取引先管理が重要な指標となってくる。また今後、英語や中国語への対応も重要なファクターとなってくる可能性もある。

①ＶＭＩ
②ディストリビューター・マネジド・インベントリー（ＤＭＩ）
③伝統的補充

■――指標6：顧客サービス・インフォメーション

顧客サービスの項目も物流戦略、ＳＣＭ戦略の一環として考慮される。

顧客サービスは過去、現状、将来に分けてその詳細を分類し、分析するのがよいだろう。過去を反省点の列挙のために振り返り、現状を経営診断に用い、将来を戦略性に組み込んでいることはいうまでもない。

①重要取引先向け顧客サービスプラン
②現行能力の見積り
③パートナーシップ戦略

▣――指標7：顧客サービスパフォーマンス

顧客サービスパフォーマンスの重要ポイントは次のようになる。

①ケースフィル（需給のバランス：注文の質と配送の質のバランス）
②ラインフル（許容能力）
③オンタイム輸配送
④インボイスの正確性
⑤オーダーエントリーの正確性
⑥単純予測エラー率

顧客パフォーマンスは顧客のたんなるケアだけではなく、サプライチェーン全体の効用を示したものとなっている。

欧米諸国において顧客サービスパフォーマンスで最重視されているのは、「バランス」といえる。需給のバランスとはすなわち、サプライヤーとバイヤー、企業と顧客のバランスである。

また、正確性とは顧客満足を実現するための正確性であり、生産者起点の正確性ではなく、消費者起点のプル型の正確性である。

第5章

物流施設の価値と管理

物流・サプライチェーンの視点から考えれば、物流センターはサプライチェーンの司令塔であるが、不動産投資信託の視点から考えれば、物流施設は「優良な投資物件」となる。

それでは物流施設はなぜ優良な投資物件と考えられるのか。本章では、物流施設がどのような特殊性をもち、他の不動産物件と差別化されているのかを解説する。

(1) 加速する物流施設への投資の背景

■ ―― 不動産投資信託の対象としての魅力

不動産に投資して、その投資した不動産を賃貸することで収益を上げる投資方法をＲＥＩＴ(リート：不動産投資信託)という。投資家の資金をもとに不動産を取得し、運用していく金融商品」である。そしてわが国の国内法に則って、証券取引市場に上場している日本版ＲＥＩＴをＪ－ＲＥＩＴと呼んでいる。「小口の投資マネーを集めて不動産専門に投資するファンド」で、証券取引所に上場することで十分な流動性と換金性を獲得することになる。

多くのＲＥＩＴは形式上「株式会社」の形態をとるので、「不動産の会社化」とも考えられる。そしてＳＰＣ（特別目的会社）に資産所有権などを移転させる。投資家は投資額に応じての利益配分を得ることができる。

２０００年に投資信託及び投資法人に関する法律が改正施行され、不動産ファンドが解禁されたが、当初はホテル、マンション、オフィスビルなどへの活用が期待された。

ところが当時の日本経済は「第３次平成不況」（ＩＴバブル崩壊）に見舞われており、ホテルもマンションもオフィスビルも高い空室率に苦しんでいた。そのため「ＲＥＩＴを活用しようにも安定したテナントの確保が容易ではない」といわれ、結果的に高い利回りも期待できない状態が続いた。ところがそうした状況に救世主のように現れたのが、倉庫、配送センターなどの物流施設である。

当初は物流施設のＲＥＩＴとしての効果は大きくないと考えられていたが、実際、ファンド化してみると、物流施設のＲＥＩＴとの親和性は他の施設とは比べものにならないほど優れていた。

加えて、物流施設はこれまでの不動産投資ファンドとは全く異なる性質をもっていたため、不動産投資ファンドの資産運用先を多様化する好材料とも考えられるようになった。

物流施設は銀座や新宿に建てるわけではないので土地取得にかかるコストが割安である。さらに多くの人が滞在、居住するホテルやマンションなどに比べて、原則的には貨物を保管するだけなので建築コストも割安となる。しかも一度、貨物を保管したテナントは10年、15年と長期間保管する傾向がある。

ＲＥＩＴの場合、短期的な賃貸ではなく、15年単位などで長期賃貸することによって投資家への利回りを確保するので、好況のときには満室でも不況となれば空室が増えるホテル、マンション、オフィスビルでは利回りも不安定になる。ところが物流施設の場合は、長期間安定したテナント確保が可能でしかも土地取得、建築が低コストとなる。また大型の物流施設の場合、テナントの定着率も高い。

したがって、その結果、高い利回りも期待できる。物流施設は他の施設と比べれば運営に手間がかからず、負担する付帯費用も少ない。屋根、外壁などの老朽化などを理由とする大規模な修繕以外には大きなメンテナンス費用もかからない。しかも土地取得から建設までの時間もビルなどに比べると短く、借り手も事前に決定していることが多い。ファンド化するには、これほどの好条件の施設は他には見当たらないのである。

証券化にあたり、物流施設開発のメリットを明確にするための不動産鑑定方法として収益還元法の果たす役割も大きい。

■――収益還元法をベースとした物流施設の開発

一般的に、居住用不動産の鑑定には対象とする物件と同じような条件の物件を比べて評価する「取引事例比較法」、居住用不動産の建物部分の建築資材などを再調達してもう一度立て直すとしたらどれくらいの費用がかかるかという視点から建物評価を行なう原価法が使われる。だが、収益目的の事業用不動産などの場合は収益還元法が用いられることが多い。

収益還元法には、ある期間の純収益を還元利回りによって還元する「直接還元法」と、対象不動産の保有期間中の純利益と保有期間終了後の売却高を合計する手法である。将来の売却高については現在価値に割り引いて表す。

ただし、不動産の取得価格は実勢の相場価格となることが多く、必ずしも収益還元法の評価価格となるわけではない。いわば、不動産取引における「理論値」のような扱いで、「ある物件を提示されている価格で購入した場合、どれくらいの収益が見込めることになる」という指標のように見なされているケースもある。

物流施設の開発、再開発などにおいては、不動産の取得価格と鑑定評価額、さらには含み益（鑑定評価額－期末帳簿価額）、年間ＮＯＩ（純収益）などを検討することになる。

（2）地球環境・大型自然災害・ＢＣＰへの対応

■――投資家の評価も高い物流施設の環境武装

地球環境問題をクリアするための一策として「不動産のグリーン化」が大きな注目を集めている。ＣＡＳＢＥＥ®はそうした視点を踏まえて導入されたが、不動産のグリーン化のみならず、工場、物流センターなどの事業用不動産にも当てはまることから物流のグリーン化の大きな梃子となっている。建設物に関わる省エネルギー施策として、高効率照明、効率的な空調・換気設備・システムなどの採用、外壁などの断熱効果のアップ、エレベーターなどの省エネ化、給湯設備の効率化、省エネ化などがあげられる。不動産の取引資源消費、環境負荷、室内環境、敷地外環境、周辺環境との調和、景観、建築設備からの排熱なども評価される。

開発にあたっては、建築物のライフサイクルを通した評価が可能で、環境品質・性能の向上と環境負荷の低減を念頭に環境効率の向上を図る指標の導入がポイントとなる。

また理念を明確化し、敷地内の空間（私有財としての環境）と敷地外の空間（公共財としての環境）

を概念的に分けて考え、それらの２つの要因を区別して評価する。建物の敷地内外の２つの要因を統合して評価する指標として「環境効率」（環境効率＝製品・サービスの経済価値÷単位環境負荷）という概念を導入している。

さらに評価対象の分野をエネルギー消費、資源循環、地域環境、室内環境に分け、それぞれの項目について評価する。

具体的な物流施設の環境武装については屋上緑化、省エネ対応の空調・照明システムなどをはじめさまざまな選択肢が考えられる。ＣＡＳＢＥＥ®による環境性能評価を受けることで地球温暖化問題などに対してどのレベルでの貢献を図ることができるのかが視覚化されることになり、環境性能の高い「グリーンウェアハウス」の設計、建築がこれまで以上に大きく進展することが期待できる。

▣――地震、大型台風などの自然災害に対するＢＣＰ対応

平成23年に東日本大震災が発生し、その後も熊本地震、大阪北部地震、北海道胆振東部地震などが発生している。また近年、豪雨や台風の被害も深刻化し、令和元年東日本台風などが甚大な被害をもたらした。

他方、内閣府の資料などによると、東日本大震災以降のわが国のＢＣＰにおいては、企業、組織

の中には先進的な取り組みをしている事例が存在するものの、取り組みが未着手、または不十分な例も依然として存在しているようである。

東日本大震災以降の地震、津波、大型台風などのそれまでには想定されなかった巨大規模の自然災害が相次いで発生している。

ＢＣＰの遂行に際しては、被災後にいかに早期にできるだけ短期間で通常通りに戻すか、緊急物資輸送などの社会から求められる物流機能をいかに担うか、顧客のサプライチェーンをいかに確保し、早急に回復するかという視点が重要になる。また、従業員が危険にさらされたり、過労などで体調を崩したりするようなやり方での対応も避けなければならない。

防災対策としては、ハザードマップによる危険度の把握、重要代替拠点・設備の確保などがあげられる。常日頃から災害のリスクを把握しておく姿勢が重要となるが、どのようなリスクがあり、どのような準備、対応、措置などが必要になるかを強く意識しなければならないだろう。

ついで発災直後の措置だが、避難から業務の一時停止、業務復旧までの一連のプロセスについて、人命を最優先し、従業員の安否確認を行ない、被害把握したうえで、災害発生時の業務の一時停止、業務復旧の基準を定める必要がある。顧客や関係先にも説明しなければならない。

復旧対策の実行では、重要業務・物流サービス提供の優先順位の設定をしっかりと行なう必要がある。自社の業務の操業度が低下した場合を想定し、関係者と協議したうえで優先順位を想定し、復旧を図ることになる。

さらに日頃から大型災害を想定した訓練やシミュレーションを繰り返すことも大切になる。ＢＣＰを円滑に進めるには日頃からの準備が重要になるのである。定期的な訓練や反復実施の継続、ＢＣＰの継続的な見直し、業務の一時停止に向けた事前準備などに加えて、代替輸送網の駆逐やドライバーの拘束時間ルールへの対応やオンライン会議などの活用による在宅勤務体制の構築も必要になる。

■――高まるＢＣＰにおける超大型物流施設の役割

こうした大型災害対策としてのＢＣＰの策定に際して、大型施設を有効に活用したいという方向性が出てきている。

東日本大震災では、「物流施設が津波などで流された」、「トラックがなくなった」、「倉庫が水びたしになった」といった被害が数多く報告された。復旧作業に取り組みたくとも、輸送経路が確保できなかったり資材調達のメドが立たなかったりするために、状況の改善は遅々として進まない状況が続いた。

また、複合災害として原子力発電所事故などを踏まえてのロジスティクスも重要となった。放射性汚染物の出荷制限、出荷検査、海外への輸出の際の検査などが必要になるなど、原発事故関連エリアからの出荷には大きなバイアスがかかる。そうしたハードルをいかに低くしていくかということも今後の大きな課題といえよう。

そこで震災の発生を受けて、物流施設を起点として、救援物資の質的及び量的な需要予測を行ない、生活物資などの域外からの救援物資の入荷量、被災地への出荷予測を迅速に行なうことも考える必要がある。

すでに主要な物流不動産開発企業は災害時における物流施設の利用について地方自治体と協定を結んでいる。物流施設の敷地内に地域貢献のための防災広場を設けたり、消防防災活動を行なえるように、平常時から消防署・消防団などに開放したり、救援物資の保管・輸送拠点として活用できるしくみ作りなども行なっている。また近隣住民の停電対策として非常用発電機、トイレ、電話なども活用できるようにしている事例もある。

住民の避難状況にあわせて、生活物資の供給状況について、被災者に関連情報をタイムリーに提供し、救援物資の供給、及び在庫に関する情報共有を推進する。あわせてプレハブ建材などの仮設住宅建設関連の物流支援も進める必要があるが、こうした被災環境のなかでも超大型物流施設が中核的な役割を果たすことになる。

また、災害廃棄物の処理についても物流関連のインフラストラクチャーの復旧状況を見ながら、迅速なる対応を目指す動きもある。

なお、被災した物流施設、物流団地については、リアルタイムで行政のウェブサイトから情報を公開するなど、大型自然災害における物流施設自体の被災状況を明らかにする必要もあるだろう。

(3) 物流施設の火災リスクへの対応

■――社会的影響が甚大な倉庫火災

近年、超大型物流施設の火災がメディアに大きく取り上げられるケースが増えている。

一般的に伝統的な倉庫は火災に十分注意しなければならない特性を持ち合わせている。まず、庫内の貨物は火気があれば引火して瞬く間に広がる可能性がある。しかも基本的に貨物は高積みされているので、火気が広がれば崩落し、通路を塞ぎ、庫内作業者などの逃げ道が失われるリスクもある。また、庫内に人が少ない夜間などに火がつけば、大火になるまで気がつかない可能性もある。さらに火災がなかなか鎮火されないことも多い。これまで発生した大火災では数日間以上、燃え続けたケースもある。

したがって、火災に対する十分な監視体制、防災、防火体制を構築する必要がある。たとえば、自動倉庫の入出庫口やラック内に監視カメラや赤外線センサーなどを設置して温度の変化や火気の発生などの異常にすぐに対応できるようにすることが望まれる。庫内での消火を迅速かつ確実に行なうためにスプリンクラーの機能や強化については常に念頭に置くようにする。倉庫が夜間などに無人化するようならば、見回りの徹底などの警備体制を強化する。夜間照明を充実させて倉庫の周囲は夜間についても照明などに注意して明るくすることも大切である。また、配線などにも注意し、定期的に絶縁点検、ブレーカー点検などを実施する。建物に電線などが接触することがないように気をつけるのはいうまでもないことである。

さらにいえば、５Ｓ（整理・整頓・清掃・清潔・躾）を励行し、倉庫の周りに廃材などの可燃物を安易に放置しないように注意したい。たとえば庫内から発生した廃棄物などの処理に際しては必ず収集日の当日朝に集荷指定場所に出すことを徹底する必要もある。

また、倉庫の軒下へのパレット保管などについては、防災の視点からは本来さけるようにする。やむを得ない場合は防災シートなどで覆うように心がける。塀や門扉などが破損などの補修などを必要とする状態ならば、すみやかに対応することも必要である。

なお、自然発火の恐れのある貨物の保管に際しては湿度が正常値、適正値であるかどうかに常に注意して、必要に応じて換気などを十分に行なう。粉塵などによる爆燃のおそれがある貨物も同様である。換気などに注意し、清掃、清潔を徹底する。たとえば化学製品、薬品などの性質や取扱い方法などについて、わからないことがあれば荷主に問い合わせて、確認しておく必要がある。

自然発火のみならず、放火などにより火災が発生してしまうケースもある。あってはならないことだが、防災の観点から放火の発生についても徹底した警戒が必要である。たとえば、夜間に倉庫敷地内に駐車中のトラックやフォークリフトなどからガソリンや軽油を抜き取られるというおそれもある。放火を目的に盗難されたガソリンなどが悪用されないように注意しなければならない。

防災対策を十分に施すためには火災を自動的に知らせる警報設備、避難はしご、非常用照明器具などの避難施設、初期消火などに対応するための屋内外の消火栓設備、スプリンクラー設備などを充実させる必要がある。

屋内消火栓設備については倉庫の場合、ホースをすべて引き出して使用する1号消火栓の設置義務がある。倉庫などの設置義務は７００㎡を超える木造建物、１４００㎡を超える耐火構造物、２１００㎡を超える内装制限のある耐火構造物が対象となる。また、屋外消火栓についても設置が望まれる。

スプリンクラー設備については、天井高10m以上かつ700㎡以上のラック式倉庫には設置が義務付けられている。また、燃焼部を泡で覆う泡消火設備、噴霧状に放水して消火する水噴霧消火施設などが用いられることもある。

なお、自動火災報知設備は500㎡を超える規模の倉庫の場合、設置が必要になる。

もちろん、消防関連の設備については定期点検が必要で、6カ月ごとの機器点検、年1回の定期点検を実施し、さらに3年ごとに点検の結果を消防長、または消防署に提出しなければならない。

■──物流施設における緊急時の対応の確認

物流施設で火災、地震などの緊急事態が発生した場合には、まず社内、庫内、周辺の被害状況を把握し、各方面に報告する。

あわせて、従業員とその家族の安否などについての状況も把握する。状況把握を冷静に行ない、適切な対応をタイムリーに行なう必要がある。

庫内のさまざまな設備、機械などについては日頃から入念に確認しておく。倉庫の場合、荷崩れなどの発生に加えて、庫内設備、工作物などが落下してくるリスクもある。設備器具が不燃材で区画されたエリアにあるのか、自動消火装置が正しく作動するのかなどを防災の視点から常にチェックしておく。

防災の観点からのエレベーターの管理も重要になってくる。エレベーターの中に作業者が閉じ込められてしまうこともあるし、エレベーター内の荷物に引火することも考えられる。

停電が発生するおそれもある。万が一のケースに備えて、発電機を常備しておくことが望ましい。

また消火用の配管などが庫内にあれば、配管の破損が発生して、保管している貨物が水濡れし、使い物にならなくなるリスクもある。可能な限り、配管などは戸外に設置するようにしたい。

災害発生などに備えて、点検整備を常日頃から行なわなければならない設備は多い。主なものだけでも、電気設備、配線・配管、照明設備、給配水設備、消火設備、空調定温設備、換気設備、エレベーター・垂直搬送機、DPS／DASや自動倉庫などの荷役設備などがあげられる。

なお、物流施設で実施する必要のある防災訓練をまとめると次のようになる。

❶ **防火訓練**：火気使用設備・器具の使用を停止する。また、ガス器具、電気器具、機械などのスイッチも切る。あわせて、各種消火器具の使用方法についても周知徹底し、実際の使用手順についても実習、習熟させる。

❷ **緊急避難訓練**：庫内アナウンスを流すなどして緊急事態の発生を想定した訓練を行ない、一時

退避と状況に応じた機敏な行動力を養うようにする。

❸救出教護訓練：倉庫、事務所などの建物の倒壊、貨物の荷崩れなどによる負傷者が出た場合に適切に救出、救護、救助ができるように訓練する。また負傷者に対する応急手当のやり方や医療機関への搬送手順なども訓練する。

❹情報連絡訓練：火災などが発生した場合には消防機関に通報することになるが、その手順や注意点、留意点などについて周知徹底する。

■——防災と安全を重視した庫内荷役作業の推進

倉庫の保管効率を重視するあまり、積み付けの際に避難場所、避難通路が確保できなくなっては緊急時に対応できなくなる。避難場所、避難通路を確保したうえで積み付けるようにする。庫内に、倉庫の出入り口を大きな地図、案内板などでわかるように示しておくことも重要である。

また地震、火災、自然災害などによる被災後の安全対策にも力を入れたい。

被災後の庫内立ち入りについては、構造上の専門家のチェックを経た後にチームを組んで行なう。荷崩れ、はい崩れ、崩落などのリスクに配慮する必要があるからである。ヘルメット、安全靴は必ず着用し、被災貨物の画像も保存しておく。

さらに2次災害の防止措置も講じるようにする。余震により不安定な荷姿となった貨物がラックから落下してくる危険がある。また貨物の種類によっては軍手をしていても触れると危険ということもある。被災貨物の取扱いにも十分、注意したい。

被災後の作業としては被災貨物を整理したうえで作業スペースを確保し、十分に安全を確認したうえで作業を始める。作業方法、優先順位などをよく検討し、作業は通電後に再開する。

なお、被災貨物の整理手順としては上部の貨物から無理せず、焦らずに撤去、整理していく。2次的な損傷に注意する。重機を用いての被災貨物の撤去作業などでは火花が飛び散る可能性もあることを念頭に置く。

■——防災にあたっての心構え

火災や地震は夜間などだけではなく日中の作業中に発生する可能性もある。庫内の荷役作業にあたってはヘルメット、安全靴の着用を義務付ける。荷役の際の仮置きや一時保管に際しても、荷崩れなどのリスクに十分、配慮しながら作業を進める。

パレットピッキングなどに際しては、貨物は床に水平に扱うことを大原則とする。パレット積みの貨物が傾いていると、作業中にも荷崩れを誘発するリスクも出てくる。

さらにいえば庫内にある保管貨物ごとに貨物特性や荷扱いについての注意事項などに留意して作業手順書を作成する。庫内作業者全員に保管貨物の特性を理解してもらうことも大切である。

荷役に際しても、濡れ損、汚損、悪臭などの変質が取扱い貨物に発生していないか、ほこりや鼠害、虫害が発生していないかといったことについても、十分に注意する。

また荷役中に火災、地震などが発生した場合にどのような経路で避難するのか、どこに避難すればよいのかといったことも従業員全員に事前に周知しておく。同時に非常用のライト、懐中電灯をすぐわかる場所に用意する。荷役中に停電などが発生して、避難経路や避難通路に迷うことがないようにしたい。

荷役中の突然の地震などで荷崩れが発生しても、動揺することなく落ち着いて最善の対応がとれるようにするためには日頃からの避難情報の共有が重要になる。何がどこにありどのようにどこまで避難するのかということを的確に把握しておく必要がある。

第6章

現代物流ビジネスの新トレンド「物流不動産」

現代物流における倉庫・物流センターの重要度が増すとともに物流施設を不動産の視点から捉える物流不動産ビジネスに注目が集まるようになった。

物流不動産ビジネスに精通することが、ロジスティクスの高度化、サプライチェーンの全体最適の実現にも不可欠な時代となりつつある。

(1) 物流不動産元年

――超大型物流施設は誰が手がけたのか

2001年、新木場に登場した超大型物流施設は、外国資本の手による定期賃貸条件付きの不動産案件だった。物流業界に衝撃が走った。「なぜ、倉庫や物流施設を物流業者以外が手がけたのか」。

しばらくは話題とともに疑問が残った。それまでは、倉庫や物流施設を開発するのは物流事業者がその多くを占めていたからである。「物流ビジネスに必要だから」という理由で自社用の物流施設の開発は、多額の投資を経営判断で行なうのが当たり前だった。そのため、外資参入が徐々に台頭してきても、それでも物流業界は動じなかった。「単に新しい倉庫と供給が増えただけ」という傍観者的な見解を出すにとどまっていたのである。

それから数年後、物流マスコミ各紙は『外資が担う物流改革』と一斉に見出しを付けて、この動向を分析し始めた。大資本はどこから来ているのか、採算収支はどのような計算なのか、日本のデフレ下にあって将来展望は果たしてあるのか。湾岸地区や再開発地区の競争入札で、筆頭札を入れるのが外国資本であることが続き、倉庫用地の不動産ミニバブルが始まった、などとも報道された。

大手倉庫会社も大型倉庫が開発されるたびに、供給過剰ではないか、そのために保管料の値下げ圧力が強まるのでは、という小さな心配がめぐるだけだったが、ようやく各社が分析結果を理解した時、はじめて足元をすくわれた思いに至ったのである。

それではなぜ、物流事業者以外の外国資本の不動産開発会社が、わが国に超大型物流施設を開発したのだろうか。わが国の物流業界にそのニーズがあったのか。

実際、この流れは現在も続いており、外国資本だけでなく日本の新規参入事業者や既存の物流事業者も超大型物流施設を開発している。供給過剰ではないかという心配の声もある。だがそうではない。ネット通販市場の伸びなども大きく需要は引き続き強い。

つまり、不動産投資が安定事業であることに注目が、俄然《がぜん》集まっているのである。さらに、日本が経験した土地神話、土地バブルの反動によって、土地政策そのものが変わった。短期の土地投機行為を防ぐために、特別な法人による土地取得が税制面や運用活動に便宜的な制度ができ上がっていたのだ。

遊休化している不動産取引を活発化させ、不動産を長期的な運用ができるように導入されたのである。これを利用すると低利の資金を大量に投下して遊休不動産を物流施設として開発し、その施設を賃貸借契約という月次キャッシュ・フローに展開できる。金利と収益の格差が確実なメリットとして生まれる。これが低金利時代におけるイールドギャップ（投資利回りと長期金利との差）と呼ぶものである。

しかも、開発物件は確定利回りが評価なされて、完成した物流施設そのものが稼働中の状態で売買につながる。イールドギャップを利用して、完成物流施設を投資運用先に埋め込む投資基金や年金基金の運用機関が目ざとく購入を続けているのである。

かくして、「開発～運用～売買～さらに運用継続～最終売却」というように、物流施設そのものが、投資案件として魅力的な事業体になっていったのである。

▣——持たざる経営が主流になる

1990年（平成2年）、貨物運送業界の物流二法改正に始まった規制緩和の波は、貨物運送と倉庫に競争環境という激変をもたらした。激しい料金競争の結果、トラックや倉庫という固定資産を保有することのデメリットが強調されて、トラックを持たない貨物運送業イコール利用運送免許、倉庫を持たない倉庫業イコール自社物件ではなく、賃貸倉庫で免許取得、という自由度が一気に高まった。これが2001年、超大型物流施設の登場の年である。自社で固有の資産を保有することのデメリットを説明することはむずかしいが、経営指標そのものにROA（純資産利益率）が採用され始めると、身軽な経営、オフバランス経営が重視される風潮が強まった。

21世紀を迎えて物流業界は大競争時代へと突入した。とくに、倉庫専門開発会社の外資系不動産開発業者は、日本の物流業界への最強の新規参入者でもある。資金力、情報力、開発力で勝る彼らの収益率は抜群である。営業利益数パーセントで苦戦してきた貨物運送業、倉庫業に比べれば、出資者に高額配当が可能なほどの儲ける力をもっている。

それはなぜか。そこに筆者（大谷）が進める〈物流不動産ビジネス〉の本質が隠されている。経営の基本は、ヒト・モノ・カネ・情報といわれてきたが、物流不動産ビジネスでは、そこに不動産が含まれている。

国土交通省はデフレ、低金利、不動産流通の膠着《こうちゃく》状態を好転させるために、「CRE（コーポレート・リアル・エステート）戦略を実践するためのガイドライン」を2008年（平成20年）に発表している。CREとは、企業が保有する不動産（企業不動産）であり、その有効活用をもって経営の柱にすえる手法である。

低金利であるからこそ、不動産のもつ収益力を再評価したといえるレポートは、目を見張るべき内容にあふれていた。従来、企業保有の不動産は管理財務の対象であり、銀行融資の担保価値として、保有することが目的になっていた。売買の権限は経営トップの専権事項であり、実際の管理は本社事業から離れた管財部であった。そこに注目して、不動産の流動化と活用の最大化を提言しているのがCRE戦略のすべてである。

筆者は、物流領域における企業不動産の特徴を認識していたと思う。物流企業はトラック運送業ならトラック駐車場、倉庫業なら倉庫そのものや資材置き場としての空き地などが該当するが、それがすぐに連想できた。企業不動産の規模から見ると、物流企業が担う役回りは無視できない。「不動産の有効活用という視点と切り口が物流業の低迷を抜け出す切り札になるのでは」と信じる根拠はここにある。

物流業界規制緩和は、同時に不動産事業への取り組みを許されたスタートであったといえるのである。持たざる経営、他社の資産も活用する。規制緩和で始まった発想の転換で、物流事業の進化のチャンスである。

■――物流不動産ビジネスの発想

長年物流業界にいると日々耳にするのは、コストと効率化という2つの言葉である。より安く、ミスや事故をなくしてさらに効率化を図ることだけが使命になっていることに気づく。間違っているわけではないが、果たしてそれだけでよいのか。

そもそもコストとはある機能や性能の表現であり、効率化の目的はコストではなく事業の発展なのである。効率性と有効性を取り違えているように感じてならない。経営にとって重要なのは、効果であり、結果としての業績である。つまり、どのような取り組みが結果として有効だったのか、という判断なのだ。

物流は生産・販売の後方支援を任されている以上、より多くを作り、さらに多くを売るための実現化に向けてモノの流れを円滑化することに最大の努力を払うべきなのである。コストは何がしかの結果であり、生産量、販売量と比べてみてはじめて評価されるべきものだ。生産・販売にとって、物流とは手段であり、目的ではない。物流企業にとっては、物流活動そのものが目的となっているから、価値観が対立しているともいえる。そこに着目すると、目指すべき新しい価値観に気づくはずである。

物流企業にとっての目的は、自社の資産や要員の最大効率を図ることであり、「最大の売上げを最小の経費で」という方針が立てられる。

ところが、繰り返していうが、物流を利用される生産・販売部門の顧客にとっては、物流は手段であり、目的は売上げの拡大にある。売上げが伸びるなら、物流企業の都合はどうでもよい。つまりは、たまたま担当している物流企業の資産や要員は無関係なのである。「困っていることを解決してほしい」と無言のメッセージを発していることに敏感に気づかねばならない。

物流企業が自社だけでない物流倉庫や要員を手当てできるなら、それは顧客にとっては新しい価値につながるのではないか。顧客にとっての最適化のために自社の資産だけでなく、他社倉庫や他社と共同して、連携して、顧客に提供できるなら、まったく新しい取り組みが始まることになる。

そしてこの発想が「物流不動産ビジネス」そのものなのである。

自社物件だけでなく他社物件を同時に扱い、必要であればさらに超大型物流施設をも利用して倉庫業の免許を取得することも可能である。輸送も自社トラックだけでなく、大小各社、得意分野別のトラックを利用するのである。作業管理や現場作業者の調達も自社だけでなく、他社との協調体制で顧客に提供する、自社固有の物流の規模を超越して、連合、連盟、共同体として物流サービスを求める顧客に無尽蔵に奉仕していくこと、これを最新のテクノロジーを用いて実行することが物流不動産ビジネスというものである。

したがって物流企業の競争条件は、倉庫やトラック車両のような物流資産をどれだけ保有できるか、という視点から、どれだけ他社資産も含めてマネジメントできるか。そして、顧客への真の価値としての経営有効性を提供できるかという点に移動しているのである。

より深く顧客を知り、顧客の経営と自社の経営のバランスをとりながらＩＴ技術を駆使して最大の効果を企画・提案することである。これが、物流不動産ビジネスの新しい価値なのである。より安く、より早くでは決してない。より多く、そしてさらに多く、しかも着実に拡大させていくために、ありとあらゆる物流施策を展開することが使命なのである。

（2）物流不動産とは何か

■――イーソーコの発足

「物流不動産」という言葉が、経済誌や新聞でも一般的に使われるようになってきて久しい。実はこの言葉は、筆者（大谷）が倉庫会社の営業担当者だった頃に先輩から「不動産屋のようなことはするな！」と怒られて、それに返す言葉として出てきたものなのである。「不動産じゃない。物流不動産なんだ！　物流施設を有効に活用する方法だ！」と何度も口にはしたが、先輩には呆れられてしまった。

当時、筆者は上司・先輩の忠告を聞かずに、空いている倉庫の情報を集めていた。倉庫の営業担当者は、自社倉庫に入れる荷物の情報を集めるのが常識だったので、成績にならない他社の空いている倉庫を見に行っていた筆者は、まったくの異端児だった。

得られた空倉庫の情報は、筆者と付き合ってくれていた数少ない他社倉庫の営業担当者と密かに共有していた。各社とも自社倉庫では対応できないお客様の情報をもっていたので、うまくマッチングできないかと情報交換をしていた。

細々と手帳に記録された倉庫物件の情報は、意外と役立つモノだった。自社で賄えない物件や案件が無事に成約すると再寄託や紹介料などで会社の売上げにしていた。このときすでに、物流不動産ビジネスの原型ができ上がっていたのである。

倉庫会社の営業担当者の成績というのは、とてもわかりやすい。基本的には、荷物が自社の倉庫にあるかないかなのである、他社の倉庫を利用するのは、自社倉庫が満庫で入庫できない場合に、やむを得ず他社の倉庫へ荷物を依頼する再寄託契約という消極的なものなので、営業担当者の評価には無関係である。筆者の場合は、自社倉庫に荷物がある、なしにかかわらず、積極的に再寄託や仲介、マスターリースといった物流不動産ビジネスを行なったので、会社への売上げは上がるが、余計に周りからは「何をやっているんだ」と思われていただろう。だから上司からは「不動産屋さん」ではないか、と疎まれていた。

物流不動産ビジネスの基本は、空いている倉庫の空間情報と倉庫を探している多様な情報のマッチングである。基本的な貨物の保管の他に、坪貸、一時使用、賃貸、撮影、販売場所などといった空き倉庫には多様なニーズが飛び込んでくる。当初は、自社では対応できない顧客を他社へ紹介して紹介料というかたちで売上げを上げていたが、ニーズの増加に伴い、宅地建物取引主任者（現在は宅地建物取引士）の資格を取り、宅地建物取引業として開始した。

それが、「イーソーコ株式会社」の発足である。現在は、他社倉庫を仲介したときには、不動産業者として重要事項説明を行ない、仲介手数料をいただいている。

不動産仲介事業での重要事項説明とは、土地や建物を借りたり、買ったりする際に、その不動産に関する権利関係や法令上の制限、取引条件の詳細を説明するということで、不動産取引の重要な行為である。しかも、その説明は有資格者が行なわなければならず、国家資格である宅地建物取引士が免許証を提示し、身分と資格を明らかにして行なうのである。倉庫や物流施設の物流不動産ビジネスでも、同様のことが行なわれている。

他社倉庫への不動産契約を行なうばかりでなく、自社がその倉庫を借り上げる方法がある。それが、「マスターリース」と呼ばれる手法である。他社倉庫を借りて、お客様（不動産契約の場合、借り手を「テナント」と呼ぶ習慣がある）に貸すことで、賃料の差を収益とする。不動産仲介契約は契約したときのみ売上げとなるが、マスターリースを行なうことは、毎月の安定的な売上げとなる。

倉庫会社の場合では、もともと再寄託という商慣習がある。自社で顧客の商品を寄託で請け負い、さらに別の倉庫会社に再寄託する手法である。その際、保管料や荷役料の差額が収益となる。マスターリースとは、このような再寄託のビジネスを賃貸借契約で行なったものと考えることができるので、物流業界では比較的受け入れられやすい。

ただし、ただ「借りて貸す」という「転貸」をするだけでは、倉庫オーナーもテナントも時間とともに離れていく。そこには、物流と不動産の両方の専門知識をもち、多様性をもった調整役という機能をしっかりと働かせる必要がある。常に双方の状況を把握し、要望や問題を解決する努力が必要なのである。物流不動産ビジネスの特徴のひとつには、テナント情報よりも物流施設の情報を重視することである。物流施設の情報を多くもっていれば、おのずと物流施設を求めているテナントや不動産会社が集まってくる。使い勝手がよく、賃料が安いといった条件のよい物流施設を自社の物流業務で運用しながら、物流事業を拡大させることも可能になる。多くの物件情報をもつことが、顧客の幅、営業の幅を広げることができるのだ。

■——顧客の困ったことを解決する全国に広がるアメーバ組織

イーソーコは、物流業の営業倉庫と不動産業の賃貸用空き倉庫情報の有効活用を図り、それを物流合理化へのステップとする。「倉庫物件の紹介、仲介だけではなく、ユーザー企業に最適な倉庫物件を提案し、多様性のある物流ソリューションを提供する」という方向性を鮮明に打ち出しているわけである。ロジスティクス事業に取り組む企業にとって、一連のノウハウに加えて物流施設の立地や機能に熟知することは不可欠である。だが、そうした物流施設に関する広義なノウハウを、縦割り行政や異業種を言い訳にして、体系的にまとめながら提案するという試みはこれまで行なわれてこなかった。

「イーソーコとは、顧客の困ったことを解決するため、自然発生的に生まれた全国に広がるアメーバのような組織。倉庫会社のみならず、情報システム会社、求荷求車システム会社、不動産会社などを対等なかたちで取り組むことで大きくなってきた」。筆者は、イーソーコの急成長ぶりについて、しばしばこのように話してきた。

確固たる計画や目論見で現在があるわけではなく、ユーザーの求めに応じて時代の流れや風潮に沿ってきただけなので、大げさな話にはしたくないのである。

（3）「物流施設管理」という視点

▣——物流施設に対するプロパティマネジメントを重視

倉庫・物流施設に対するプロパティマネジメント（ＰＭ：不動産管理）を重視する動きが定着している。ＰＭ業務は、不動産の所有者などから受託して行なわれることになる。物流施設に対するＰＭは、主として物流施設の保守・メンテナンスや管理業務を合理的に行なうことを指すが、その独自性、特殊性から、高い専門性が要求されることになり、「ロジスティクスプロパティマネジメント」（LPM）と呼ばれることもある。

LPMの業務は、主に物流企業向けのノウハウのあるPM管理会社によって営まれる。それらは、リーシングマネジメント、テナントマネジメント、キャッシュマネジメント、物流施設マネジメント、ファシリティマネジメントの5領域に分けて考えることができる。

リーシングマネジメントでは、物流施設のリーシング（仲介）、契約管理、入退去時の工事、マーケットリサーチ、テナントマネジメントでは入居テナントの管理業務で、テナント工事に加えて、さまざまなクレーム処理などに対応する。キャッシュマネジメントでは各種請求書の発行、督促などを代行する。また、物流施設マネジメントとして、物流施設の清掃、警備など、ファシリティマネジメントとして補修工事、耐震工事の施工会社の選定なども行なう。

こうした業務を専門の会社に外部委託することで、物流企業、荷主企業は専門とする物流業務に人材を集中させ、コアコンピタンス（中核業務）を充実させることが可能になるわけである。あわせてメンテナンス・保守コストの低減を進めることも可能となり、結果、建物価値、収益率の向上が図られる。

物流企業にとって、物流施設にかかる賃料、保守・メンテナンス費用、清掃費、光熱費などをいかに低減していくかということは、さらなるコスト削減が叫ばれるなか、重要な課題といえよう。

物流不動産のＰＭに力を入れ始めている企業は、外資系物流不動産企業をはじめ、増加傾向にある。ロジスティクスとは、「サプライチェーンにおける後方支援」も意味するが、近年のビジネストレンドでは、そのロジスティクス自体が後方支援を必要とする状況となってきている。いわば、「ロジスティクスのロジスティクス」が求められているのである。

というのも現代物流は輸送、保管、荷役、流通加工、包装という従来の「物流５大機能」に加え、ここにきて物流情報管理やＬＰＭもその主要機能に加える動きが大きい。そうした流れに対応するためには、物流企業もその諸活動について後方支援を受けなければならないのである。

それゆえ、情報管理の分野では物流情報を幅広くカバーする物流不動産ビジネスの企業などとの密接なリンク、ＬＰＭについてはＬＰＭ専門会社のサポートを必要としてきているのである。

■——「物流施設管理」という新しい視点

新規の超大型物流施設が開発されると、それに付随するように多くのサービス事業を提供する企業が登場する。商業施設や物流施設の資産運用や管理を行なうＰＭ、物流施設の収益性の評価と査定、営業面でのテナント誘致、他施設への転用や流動化などのコンサルティング事業などを、物流企業や荷主企業に提供するというものである。

物流施設のデザイン、ロケーション、テナントクレジット、施設の収益性などを査定する「デューデリジェンス」やテナントを誘致する「テナントリーシング」、設計段階でランニングコストやメンテナンスコストを分析する「ファシリティマネジメント」（施設管理）などは、これまで物流業界、倉庫業界では範囲外で、ほとんど重視されることはなかった。

また、競争力のない物流施設をオフィスビルやショッピング施設、アミューズメント施設に転用したり、売却したりすることもほとんど行なわれていなかった。

だが、自社倉庫を所有しないノンアセット型の3PL企業などの躍進もあり、物流施設の大型化と賃貸化が進んできている。物流施設の供給側としても、工期も早く、メンテナンスコストが安く、しかも安定した賃料を確保できる物流施設は、資産運用に好都合のツールとして注目が高まってきたわけである。

（4）物流業の資金と資産

▣――拡大する物流ファンドの可能性

REIT（リアル・エステート・インベストメント・トラスト）とは不動産ファンドの一種で「リー

ト」と読み「投資家の資金をもとに不動産を取得し、運用していく金融商品」である。小口の投資マネーを集めて、不動産専門に投資するファンドのことである。日本では2001年9月に東京証券取引所に「日本版不動産投資信託（J‐REIT）市場」が開設された。

REITは証券取引所に上場することで十分な流動性と換金性を獲得することになった。多くのREITは形式上、株式会社の形態をとる。SPC（特定目的会社）に不動産の資産所有権などを移転させる。投資家は、投資額に応じての利益配分を得ることができる。

一般に商業施設は、数パーセントの配当が得られるとされているが、概して長期契約が多く、メンテナンス費用がかからない物流施設に的をしぼったREITは、米国では優良商品となっている。もちろん、不動産ファンドのすべてを上場させる必要はない。米国では、限られた大口投資家のみを対象にして、利回りのよい不動産ファンドを組む「プライベート市場」も発達している。これまで日本では必要な規模の物流施設は荷主企業が自己保有するのが常識化していた。だがそれでは巨額の投資が必要となり、持ちこたえられない企業も出てくるわけである。だが国内外の物流施設開発会社などが最新鋭の物流施設を提供するならば「ノンアセットで十分やっていける」ということになる。

▣——不動産事業を理解する

企業不動産の持ち主としては、物流業も含む運輸業の占める割合は大きい。それゆえ物流倉庫などのオーナーである物流事業者にも、自社物件を取り扱う不動産業務の知識が必要ということになる。不動産業務のスペシャリストが欠かせないのである。ただし、この認識が物流事業者にはやや欠けているように思える。長きにわたり不動産を自社使用の物流業に専念してきた結果、事業構造には不動産業としての収支に重点を置いてこなかったという問題点が浮かび上がってくる。

所有する不動産を物流業という限定された狭い価値判断で見ていては、その有効利用はむずかしく、広範囲かつ多角的な価値判断が必要となる。

▣——物流不動産のライフサイクルを考える

倉庫を不動産と考えると、一般物件に比べて減価償却期間も長く、長期間利用されるという特徴が明らかになる。したがって、物件管理、物件の賃貸・売買というビジネスはきわめて長期間続くことになる。短期の輸配送や商品保管などの倉庫事業に比べて、物流不動産事業は中長期にわたるビジネスなのである。

そこで不動産を活用するためには、宅地建物取引業免許及び宅地建物取引士の資格取得が望ましい。免許取得により、自社物件や不動産所有者であるオーナーとの専任媒介契約が可能になるからである。つまり、不動産管理や売買、賃貸などを行なえるようになるのである。正確に言えば、自社不動産の賃貸や売買には、宅地建物取引業免許は不要であるが、不動産関連法規に長じておくことは強みとなる。

さらにいうなら、物流由来の物件というのは、倉庫だけではなく、ある時期には事務所や店舗、ショールーム、スタジオ、工場、研究所にもなり、建て替えを行なうという形態の変化も発生してくるのである。場所によっては、近隣地区全体の再開発計画ということもある。関連法規に詳しければ、建て替えや改修、地域再開発のタイミングでのビジネスに乗り遅れることもないだろう。

このように、時代のそのときどきに新しいビジネスを取り込めるチャンスがあるのが、物流施設を取り扱う不動産ビジネスなのである。

宅建業者として専任媒介契約を結ぶことができれば、その地域での長期間にわたってのビジネスを行なえる権利を得ることになるのである。だから身近な地域での物流物件のリストアップと同時に、それぞれの施設が現在どのようなライフサイクル状態なのか調べておくことが大切である。

取り扱う対象の物件情報を蓄えるには、たとえば、地域情報を集め、不動産ネットワーク・データベースや倉庫専門のデータベースであるe-sohko.com（イーソーコドットコム）の活用が有効と考える。不動産情報の賃貸のみならず、貨物の募集といった物流情報も一緒に取り扱う本格的なポータルサイトである。現在使用中の物流物件が3カ月後に空きが確定し、募集していることや、保管貨物のみを募集している物件、また候補物件を直接訪問することで、使用中の倉庫が賃貸を検討していることなどがわかる。

不動産は動かない資産であるが、見るだけではわからない情報が隠されているのである。

第7章

物流不動産ビジネスの手ほどき

物流不動産ビジネスを展開していくためには従来の物流業界の常識や枠から脱却しなければならない。柔軟な発想や対応が求められるわけである。本章では物流不動産ビジネスのアウトラインやコンセプトがいかに生成されてきたかという一連の流れを実務経験を踏まえて紹介していく。

(1) 物流不動産の必要性

■──新旧交代が進む物流倉庫

新しい住宅やオフィスがそうであるように、施設は話題の機能を充実させて登場する。物流施設の場合は、「ワンフロア、ワンウェイ、ワンストップ」という最高のセールスポイントをそれぞれもっている。

高層階であってもトラック用のスロープが上層階につながるランプウェイの装備によって、トラックは各階の入出荷バースに横付けされる。そして、広大なフロア（ワンフロア6000㎡以上）で、マテハン機器のライン構築も可能で、入出荷の動線が十分に確保され、高速の物流業務が実現できる。エレベーターのような搬送機も不要で、作業員、設備機器も最小限で済む。

超大型物流施設は、共同利用のファシリティが充実しており、食堂・休憩所・事務所・セキュリティなどのアメニティも完備しているのである。従来の保管型（エレベーターなどによる縦搬送型）倉庫での上下階搬送や貧弱なファシリティとは、ケタ違いの充実ぶりである。

物流サービスの提供側にとっても、利用側にとっても高速荷役が可能で、充実した設備、不要な機器投資を必要としないローコスト運営は魅力的である。しかも、開発コストは規模の経済性を発揮して、新築施設であっても従来型施設よりもコストパフォーマンスが格段に優れている。

移転、統合、集約、物流再構築を企画している利用者にとって、超大型物流施設はきわめて魅力的に映るに違いなく、事実上のデファクト・スタンダードに近づきつつある状態である。

超大型物流施設に大手荷主が貨物を集約することで、従来型の大中小の倉庫が空いてくる玉突き状態が進むにつれて、物流不動産の登録物件数も増大している。つまり、物流不動産の営業物件が

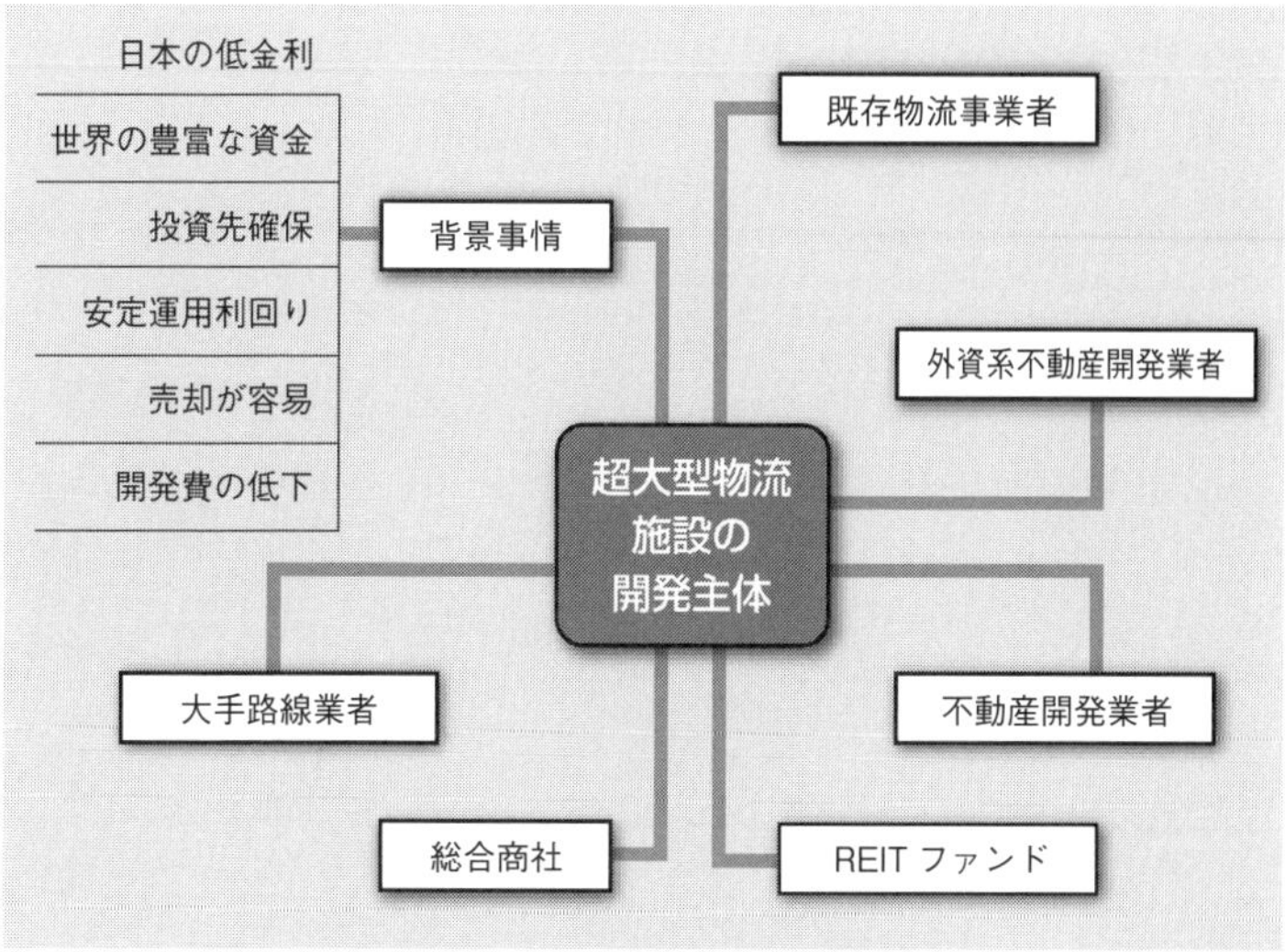

図7-1　超大型物流施設の開発主体

図7-2　リノベーションの例：バスケットボールコート

豊富で、営業力を発揮するには十分すぎる環境が整っているのである。

■——取り残される旧型倉庫

超大型物流施設の登場によって、空いた大型倉庫へ中型倉庫の集約、空いた中型倉庫へ小型倉庫が集約する玉突き現象は最終的に空き倉庫や地域を生み出す。だが日本に新産業やベンチャーが生まれ活発化しなければ、小型の倉庫や空き倉庫の需要は生まれてこない。

建築物の耐震基準厳格化により地方の中小規模の倉庫の建て替えを促進しているが、利用者不在の倉庫に新たな改修投資は厳しいものもある。

倉庫・運輸業は各地域の許認可産業だから、これまでは地域には地域の産業基盤にふさわしい規模の物流施設があった。物流サービスは顧客企業の成長を踏まえて工夫されてきた。ただしビジネスの拡充などにより当初の地域を離れることになれば、取り残されてしまうのは物流施設ということになる。

実際、全国の企業城下町には多くの旧型物流施設が残る。再開発、再利用、用途変更が必要で、しかも早急な対応が求められている。資本の論理は大きさを追求する。規模の経済性が最も効果的な公式となるからである。分散したそれぞれの倉庫が統合され、超大型物流施設に集約されるとき、残された基盤倉庫の役割は終わっていると考えられる。地域に新産業やサービス業の発生がなければ、倉庫需要は低迷することになる。それゆえ、集約化により取り残された旧倉庫を再生させるには、物流ビジネスではなく不動産ビジネスのスキルが有効である。空いてしまった自社物件を幅広く活用するには、物流不動産ビジネスが必要不可欠のものとなるわけである。

（2）物流不動産ビジネスの定義と範囲

■――物流不動産ビジネスの構図

物流不動産ビジネスとは、物流業と不動産業の融合を図り、関連する金融や建設設備、情報システムの知見を組み合わせた、実に新しいモデルである。多様な技術と知識が必要ではあるが、すべては関連しており、波及する一体となったビジネスであることは想像できるであろう。簡単に図解化を行なうと、図６‐３のような関連をもっていることになる。

この図を見るとわかるように、物流活動を基点として、倉庫施設の開発、売買、賃貸借を自社物件、他社物件にかかわらず広く視野に入れる。そして、物流の利用者であるユーザーに対して、最適、最小、最効率、最短最速で提供していくことに尽きる。

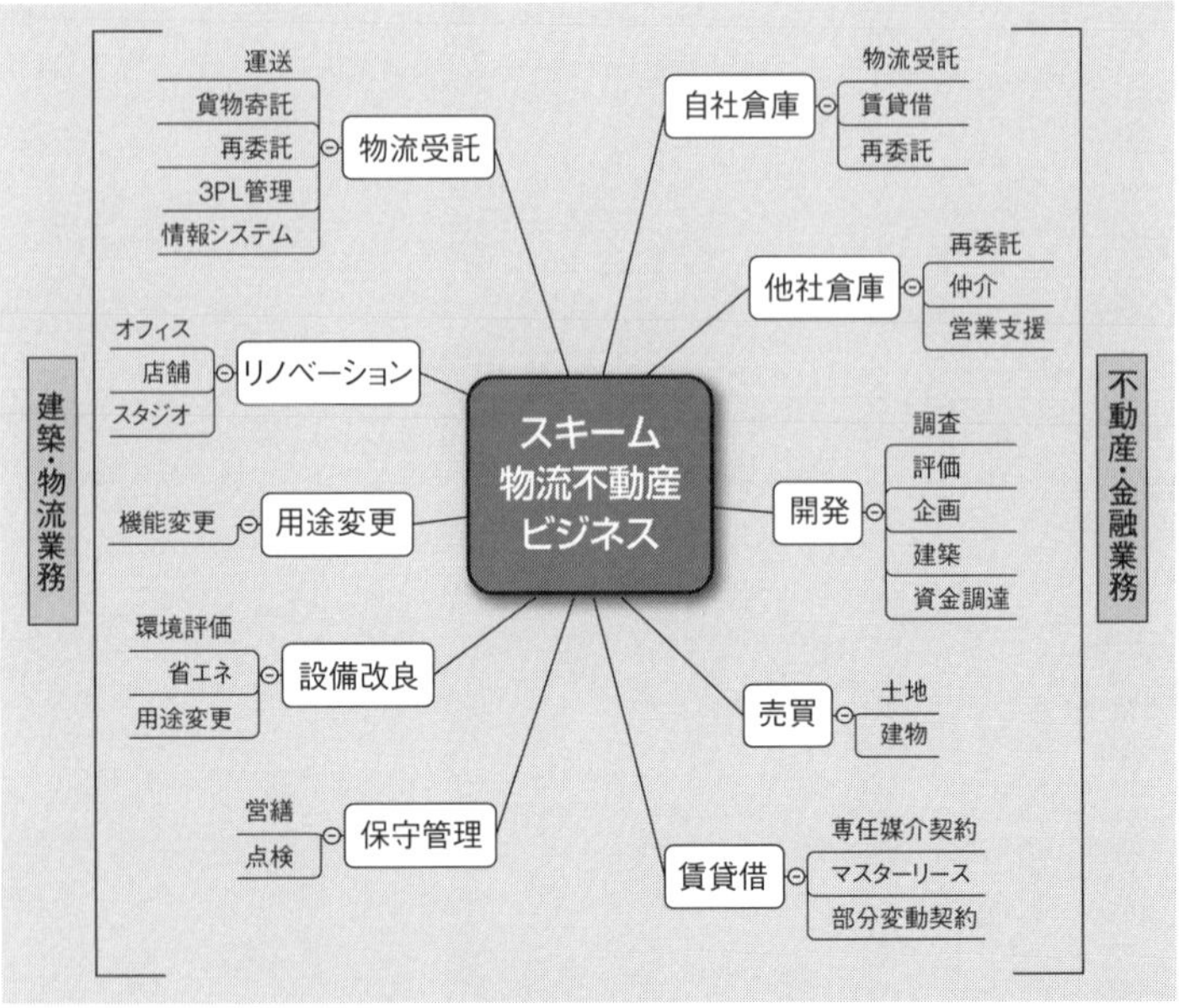

図7-3　物流不動産ビジネスのスキーム

図7-4　リノベーションの例：カフェ

筆者は、物流こそ企業が生産や販売を爆発的に増やすことができる決定的な指し手だと信じている。製造業がコストダウンという呪縛から解き放たれたとき、物流コストを投資と捉えて、積極的な事業発展を図ることができる。

物流拠点を集約して在庫コストと管理コストを下げるのも正解だろうが、さらに拠点を増やし、顧客密接度と交流頻度を上げて、店舗の代わり、工場の肩代わりを行なうほうが売上げや生産部門には効果的である。卸売業が返品や自主回収で苦労するなら、巨大な返品・回収センターを設け、さらにリペア（修理）も併せて行なう。積極的に他社製品を引き取り、自社を棚の計画と合わせて売り込む。そうした静脈物流の対応が売上げ出荷を増やすことは確実だからである。

荷主サイドは、倉庫をコストセンターだと捉えてきた。だからそれを荷主の利益に貢献するプロフィットセンターへと認識を変えさせることで、倉庫コストは削減から増加に変化させるのである。

小売店舗を見ればわかるように、棚が他社製品で満杯状態にあることも多い。そこへどうやって自社の製品を売り込むのか。他社製品と差し換え、棚を空けさせ、そして売り込むことが求めれらるのではないか。そんな在庫の移動や引取りには、拡張自在の倉庫がなければならない。在庫政策が固定化された倉庫では不可能である。販売状況に応じて臨時の拡張用倉庫を手当てしなければならない。この手当てを前もって柔軟に考えられるかどうかで、返品・回収センター構想が生きてくる。そして拡張用倉庫の手当てこそが、物流不動産ビジネスの範囲となる。

重要なのは、「顧客の売上げ増、生産増」という本質的な目的に対して、自在な物流、自由度の高い物流という手段を組み合わせた柔軟な提案ができるかどうかなのである。ここでも物流不動産ビジネスが威力を発揮するといえよう。

▣――人財育成の重要性

物流不動産ビジネスのプロとはどのような人財か。その仕事は多岐にわたり、物流を基軸として、不動産知識、金融知識、建設工事の知識、情報システム、物流契約や営業提案のプレゼンテーション能力など、幅広いスキルが求められる。しかも物流は、産業や業種、商材によってさまざまな個性があるから、業種経験も欠かせない。

そのような人財を筆者は「物流不動産ユーティリティープレイヤー」と呼んでいるが、若い人にはぜひ、そうなるための覚悟をもってほしい。覚悟さえあれば、デジタルデバイスを利用した情報の共有化で、経験豊富な上司・先輩、専門家たちが多様な技術と知識をバックアップしてくれる。

当初は経験がなくても十分である。「千里の道も一歩から」という姿勢で直ちに始めれば、必ず完成に近づく。「次に何を学ぶか」、「ゴールとしてどんな人財になるべく努力するのか」、などといったビジョンがあればよいだろう。

知識や情報は、何から何まで自前である必要はない。頼るべきパートナー、詳しい専門家とタッグを組めばよく、コミュニケーションが重要なのは、何もこのビジネスに限ったことではない。「人みなわが師なり」の姿勢でいれば、互いに寄り添えるものなのである。

情報は、発信することで集まる。座していては何も始まらない。

すでに物流業界に籍を置いているなら、顧客からコストダウンの相談を受けることがあったであろう。そのためにとるべき打ち手は何であったかを考えてみるとよいだろう。同じサービス、同じ作業を単価を下げることで応じてきたことはないだろうか。最初はそれで済ませられても、２回目、それ以降はどうしたのか覚えているだろうか。おそらく互いに値下げ要求を考えることなく、解約、失注になったのではないか。何度も値下げに応じられる体力には限界がある。「効率化」と呼びながら、やらない仕事、手を抜く箇所を探して、人を減らし、時間を削り、「やることのコストをやらないで下げた」というのが真相ではないだろうか。人員削減で残った従業員へ仕事を強い得る過重労働の危険も検討しなければならない。ブラック環境のままでは、未来はないだろう。

ただしまだ周囲は気づいていない。マスターしているのは、ごくわずかの人たちである。まだ誰も追いかけてこない。実行に移すのは早いほうがよいのである。

(3)「物流倉庫」から「物流不動産」へ

▣──倉庫情報の集積e-sohko.comの登場

イーソーコが運営する日本最大級の倉庫・物流不動産ポータルサイト「e-sohko.com」の登場以前には、倉庫の空き物件情報を迅速に入手できる手段は、皆無に等しかった。実際荷主の要望する地理的ロケーションに適当な大きさの倉庫を紹介するのは容易ではなかった。筆者のような倉庫営業担当者がどれほど手帳やタブレットなどのIT情報ツールの内容を充実させても追いつかないが、多くの賛同者が自らのアナログ及びデジタル情報を共有するように協力し、情報の蓄積ができる器《うつわ》であるe-sohko.comが中心として機能し始めたことで状況は一変した。

e-sohko.comの情報データベースには、倉庫物件と物流案件の膨大な情報量とさまざまな物流、不動産のプレイヤー、専門家のネットワークを備えている。

また、物流施設に関する豊富な情報、データなどをもとに、倉庫施設の評価や査定業務、不動産の流動化に関するコンサルティング、アドバイス、物流施設のデザイン、物流マーケティングに関する市場調査なども推進している。

地理的ロケーション、規模、賃貸料など、希望する条件を満たす倉庫・物流センターはe-so

hko．comのネットワークで簡単に見つけることができるようになったからである。

２００２年夏の全国展開開始からわずか1年ほどで、イーソーコはe-sohko．comを基軸にさまざまな関連分野のネットワークと提携しながらさらなる拡張を遂げていった。

▣——それまでの物流業界になかった発想

２００３年4月、産業提携の物流研究会で津久井英喜氏（当時の諏訪東京理科大学教授）が幹事を務めていた「実践ロジスティクス研究会」の定例研究会で、筆者は協同組合物流情報ネット・イー（当時、現・物流不動産協同組合）の理事長として発表する機会を得た。「倉庫業界不況からの脱出策はあるのか」というテーマで、筆者のこれまでの経験と会社への貢献を主に語った。実際には、イーソーコによる新ビジネスモデル「物流不動産ビジネス」の紹介である。これは現在の「物流不動産ビジネスの骨格」の紹介とでもいうべきものとなった。定例研究会には、１５０人以上の物流企業幹部などが参加しており、興味深く、聞き入っていた。筆者の話は、それまでイーソーコについて、ほとんど知らなかった物流関係者に大きな衝撃を与えた。

ちょうどよい機会だったので、物流不動産ビジネスを「最適な物流環境を実現する物件を提供し、提案する物流ソリューションビジネス」との定義を発表した。同時に「物流業と不動産業の融和」

の必要性を力説した。反応はさまざまで、物流業と不動産業の垣根の高さを改めて考えさせられたものだった。

グローバルサプライチェーンの拡張などの影響を受け、国内の倉庫需要は縮小すると考えられてきた。だが、マクロで見れば確かにそうだろうが、新しく使いやすい倉庫に関してはそうではない。むしろより先進的な倉庫については、多くの企業が必要としているといえよう。新旧倉庫の交代が続々と続いていることを指摘した。

実際、自動化・無人化や在庫集約などを視野に入れ、超大型物流施設に対する需要は大きくなっている。さらにいえば、消費地に近く配送リードタイムの短縮が図られ、パートやアルバイトの作業者が集まるような立地の倉庫に対する需要はたいへん高い。企業は物流のトータルコスト低減を最終目標としているので、輸送費が下げられ、低コストで人が集まる立地の倉庫ならば倉庫料だけにこだわる必要はないのである。「倉庫業界の現状では空きスペースの統計があるのは営業倉庫とファンドが建設したマルチ型超大型物流施設だけで、中小の貸し倉庫や営業倉庫の一部を賃貸している面積についての統計はない。ウェアハウスの需給のバランスをこれまでは正しく把握できなかった。だが、これからはイーソーコの空き倉庫情報を活用すれば、ウェアハウスを戦略的に活用できるようになる」。イーソーコの最大のアピールポイントを要約するとこういうことになる。

▣――物流の知識をもとに不動産取引を展開！

物流営業では、顧客と直接契約や交渉をするのが一般的だが、物流不動産ビジネスでは、物流物件の商談が不動産会社を通して依頼されることもある。

不動産会社もその立ち位置により2種類あり、倉庫を貸したいというオーナー側から依頼を受けた不動産会社を「元付」、物件を借りたいというテナント側から依頼を受けた不動産会社を「客付」とそれぞれ呼ぶ。実は、不動産業界には昔から悪しき商習慣である『物件の囲い込み』という行為が存在する。「元付」業者が「客付」業者のテナントを避けて、自社で直接テナントを探し「客付」の役割も担う。要するに「元付」、「客付」の二役を行なうので、収益が大きくなる。「物件の囲い込み」の他に賃借希望の顧客に自社所有、元付物件しか提示せずに、他社から「客付」を頼まれた物件を隠す行為も見られた。これは、取引の公平性を欠く、情報操作による自社への利益誘導であり、消費者保護に違背する禁止行為である。大手不動産販売会社が自社開発したマンションの販売での「物件の囲い込み」が発覚し、大問題になったほど不動産業界では昔からある根深い問題である。

これらを防止するには、「客付」業者やエンドテナントの求めに応じて、すべての物件情報を提示することが必要である。マンションやオフィスなどの一般不動産の場合、予算と場所、広さといった情報があれば、合致物件の提案は安易で、専門家でなくても判断が可能である。しかし、物流不動産ビジネスでは問題が大ありである。事例を紹介しよう。

筆者が、物流不動産ビジネスを始めて間もない頃である。客付不動産会社から、500坪（約1650㎡）の倉庫を東京西部のある地域で探すように依頼があった。不動産会社は急いでいて「1週間後にテナント企業の社長を案内するから、複数物件を用意してほしい」という。ここで、筆者は困ってしまった。

該当地域に500坪（約1650㎡）前後の希望のボリュームの倉庫は複数あるのだが、どんな荷物を入れ、作業を行なうのかがわからない。もっといえば、荷物の形態・性質、取扱い、車両の出入りといった性格もわからない。物流倉庫は、規格品の一般不動産とは違うのである。

不動産会社に「お客様の情報を少しでも教えてほしい」といっても、「500坪の倉庫の情報を集めてすべて紹介してくれればいいんだ」と返される。筆者が、「倉庫はオフィスと違い、天井の高さ、床の荷重が個々に違い、取り扱う荷物の性格によりこちらで選定しなければならないのです」と説明すると、「そんなことはテナント企業が一番知っている。あなたは500坪の倉庫情報を多く集め、すべてを提示すればよい。物件を決めるのはあくまでお客様なのだから」の一点張りである。不動産会社は、顧客にいわれた条件で合致する物件をできるだけ多く紹介する。選択は顧客にさせるという考え方である。これは、先に説明した「情報の囲い込み」防止であり、取引の公平性を担保する正当な行為なのである。

そして顧客の情報がわからないまま案内当日を迎えた。顧客は、最初の倉庫を車中から見るなり怒りだし、車から降りてこようともしない。そして、そのまま帰ってしまった。

こちらとしては、急きょ、5カ所も内見用の倉庫を準備し、案内の順番も時間も決めていたので、理由を確かめようと不動産会社を詰問した。結果は、筆者が懸念していたとおりだった。

顧客の荷物は精密機械である。ホコリは厳禁である。一方で筆者が1件目に案内した倉庫は、建材や鉄工材などを保管するような「雨風をしのげる程度」の倉庫だった。顧客の荷物が精密機械と聞いていたら、案内の候補から真っ先に除外した倉庫物件で、トラブルは回避できただろう。

このように、物流不動産ビジネスにとって、倉庫の目利きとともに顧客の物流のコンサルタント的な役割も重要となる。広さや場所、賃料も大事だが、荷物の性格によって天井高や床荷重、低床／高床、エレベーターの能力などがそれぞれ異なってくるからである。利用するトラックやコンテナの大きさ、出入りの頻度によって、ヤードの広さも異なる。そういった物流に関する条件を見極めるためには、物流の知識と顧客の情報が欠かせないものなのである。

多くの不動産会社が物流不動産ビジネスに挑戦してきたが、そのほとんどは途中であきらめてきた。理由は、この事例のような物流の知識がなかったからである。物流不動産ビジネスは、倉庫の賃貸借を行なうため、不動産仲介業の印象が強いが、物流企業がこれまでの経験とノウハウを活かして行なったほうが効率的で、ビジネスの成功率は高いものなのである。物流事業者にとって、大きなチャンスのあるビジネスなのである。

(4) 物流不動産のビジネスモデル

■ ── 経験をもとにしたビジネスモデルの構築

筆者がまだ若かった頃、当時勤めていた倉庫会社の上司が仏頂面で筆者の営業成績を眺《なが》めていた。上司は、「倉庫施設営業協力金」という項目に目をやりながら「他人のふんどしで相撲をとっているようだ」と聞こえよがしにつぶやいた。筆者は仲のよい同業他社から頼まれて保管貨物を紹介していた。顧客がスペース借りを希望したため、貨物を預かる寄託契約からスペースの賃貸借契約に変更した。その結果、紹介先の倉庫会社から紹介の謝礼として、営業協力金をいただけることになった。

「自社倉庫ではなく、他社の倉庫や不動産営業の手伝いをするとは……」と上司は切り出したが、収益のボリュームがある程度大きかったことと、紹介先である同業の倉庫会社から連絡があったため、その場は何事もなく終わった。上司の心情は、ライバルである同業他社への協力は理解できないというものだった。顧客は自社倉庫へつなげるのが常識で、わざわざライバルにつなげるのはありえない行為である。残念ながらそこにはユーザー目線という考えは存在しなかった。

ほどなくして、社内評価は別として、自社にかかわらず顧客にベストなスペックの倉庫を提供する倉庫営業担当者として口伝《くちづ》てに紹介され、評判は大きく広がった。自社倉庫に加え、他社倉庫の営業協力による毎月積み上がる営業成績が増え続けるようになり、筆者の営業スタイルは一変したのである。

物流業界にいると多くの産業、商材を経験できる。食品、アパレル、自動車、家電、日用品、さまざまな商材に心躍ったときもある。どうやって販売されているか、比較的簡単に想像を働かせることができる。ところが、生産や調達はどうだろうか。かつて筆者が若かった頃のことだが、世界中の工場から届く商品に触れながら、「輸入品では不良品や伝票相違」のトラブルがあまりにも多いことに驚いた。多くの得意先の店舗や販売の現場に行き、工場も見学した。物流倉庫の営業物流担当者だから経験できることは多い。

経験からわかったことは、在庫や作業、輸配送は顧客（荷主）にとっては手段であるということである。「モノを作る」、「モノを売る」ことが目的であり、だからこそ物流は外部委託しているし、物流コストは安いほうがよいと考えるのはごく自然なことなのである。そこで、「物流は、どんな貢献ができるだろうか」と考える。コストダウン以外に、思考をめぐらせたとき、物流には多くのチャンスがあることに気がついた。

物流業界に従事したからこそ得ることができた多くの貴重な経験と知識があるので、あとから得た宅地建物取引業の実務知識と結びつけ、物流不動産ビジネスを創ることができたのである。

▣——ビジネスモデルの構造

ビジネスは次頁の図7-5で示すように9つの要素をもれなく、順序よく、調和をとりながら進めなければ失敗する。モノを作るのも、モノを売るのも同じことだ。すべてがシステムとして同期を取りながら、スムーズに流れていかなければならないだろう。

多くのアイテムを扱うのを得意とするのは物流に関わる実務家の役割である。しかも、システムとしてスムーズに流していくためのノウハウもたくさん蓄積してきている。それならば、製造業、販売業ではない外部委託される者としての物流業の役割とは何であろうか。3PL事業の役割はサプライチェーン全体の管理・監視であり、サポートであることに気づく。言われたことだけに注目するだけでは、それはただのコスト消費としか物流を見てもらえない。生産から販売までのサプライチェーンの統括を念頭に置くならば、そのプレーヤーやマーケットのことまで幅広く関心を抱かなければならない。

パートナー企業とともに常に全体最適を図りながら、緊急時にはすぐさま手を打てる状態にあることが重要なのである。さらにいえば、言葉では簡単であるが、すべてを承知しているマネジャーという役割は、実は誰も経験してはいない。工場長、営業部長、物流所長はいても、三位一体で物事を考えられる者はこれまでいなかった。そしていなかった理由は、互いの職務を知らない、わからない、情報がないという、「見ざる・聞かざる・言わざる」の三猿状態であったからだったのではないか。

ＩＴ環境が整備され、コミュニケーションと情報ツールが自由に手に入る現代、取り組みははるかに容

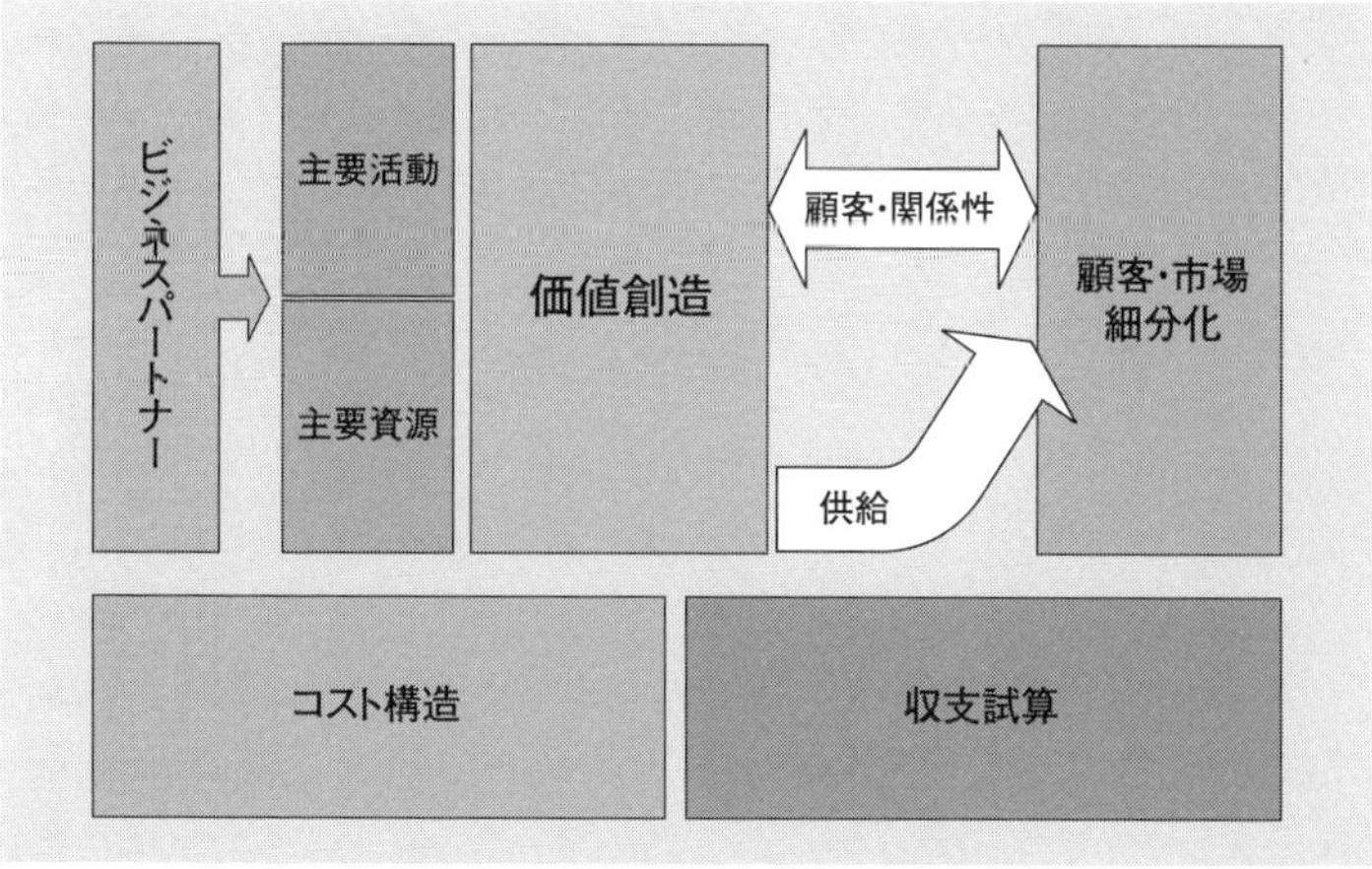

図7-5　ビジネスモデルの基本構造

易になってきている。これができれば、バーチャルカンパニーも夢ではない。事実、個人メーカー、個人商社、個人商店、あるいはＥＣとＩＴと物流を組み合わせたベンチャー企業によるネットショップなどは爆発的に発達し市場を拡大した。さらに近年はＤＸの重要性も増している。

実際、リテール領域では、物流の役割はたいへん重要になっている。アマゾンドットコムのようなはじめから巨大な物流施設を運営できる資本力があれば話は別だが、ベンチャー企業が物流施設の運営に大投資をするわけがない。しかし、ある日、商品は大ヒットとなり、物流がパンクする。そのときにどう対処するのかを前もって想像できる物流担当者がどこにいるだろうか。物流不動産ビジネスを学ぶ意味がそこにあるといえよう。

■――物流不動産ビジネス市場

かつての倉庫は、物流企業が自社の営業手段として倉庫建設を行なってきた。しかし、規制緩和とともに参入してきた巨大な物流不動産ファンドにより様変わりした。

物流不動産ビジネスでは、ハードな物流施設を物件と呼び、ソフトな物流サービスを必要としている顧客や物流サービスを提供する物流事業者の情報を合わせて、「物流案件」と呼ぶ。「物流物件」と物流案件の違いを知ると同時に、物流物件と物流案件は同時にあることも念頭に置きたい。物流物件のオーナーは不動産の売買や賃貸借だけでなく、物流物件を利用する物流事業者（運輸・倉庫業）も探している、つまり世の中にどのような物流案件が出回っているかについても関心がある。

さらにいえば物流企業は自社の営業対象として製造・流通業などを得意先とするので、物流物件の周りには何重にも多くの業種・業界が並んでいることになる。

そうすると、物流物件に対するニーズは各業界や物流企業から一斉に沸き上がっていることになる。実際、大きな物流案件のコンペ（物流業務を委託したい顧客が行なう提案募集）では、たった1件の物流物件に対して複数の物流事業者から「倉庫物件」の照会が届くことになる。

■——倉庫の施設情報がビジネスチャンスを広げる

倉庫物件はその特性から考えると、幅広い汎用性がある。大きな空間であるから、さまざまな業種の入居も可能であり、設備によって工場に変わることもできる。また、事務所機能を備えて営業所に転用もできる。空間をデザインすることで、オフィスやスポーツ施設に変わった事例もあるし、屋内展示場、ショールームになることもある。

業種業界にとらわれずにユーザーに倉庫物件を広く知らせること、物流用途に限定せず倉庫物件の魅力を伝えること、よさをわかってもらうこと、これら一連の提案活動が物流不動産ビジネスにとっての重要な仕事といえよう。つまり全業種とのマッチング、そのチャンスが豊富に存在しているのが現在の市況である。物流以外への用途変更により、倉庫物件に新しい価値を生み出すことも可能なのである。

顧客の要望条件をそのまま不動産データベースに入れても、価格、立地、広さ、期日という基本条件は、すべて近隣の取引事例に合わせた相場であるから、直接条件にヒットする倉庫物件はなかなか出てこない。相場に合わない条件なら、何も見つからないという現実があり、一般の方は相場のことを知らないことがほとんどだからである。

倉庫物件のオーナーの大半は、物流事業を営んでいる。とくに倉庫業は、保管の期間がそのまま収益に直結し、利用賃料と保管貨物料金との利回りを比較する。空室期間が続くようであれば、低い利回りでも自社倉庫での運用を重視するし、預かり貨物が増えれば、他社倉庫も条件次第で徐々に利用していくだろう。倉庫オーナーは自社でも利用するし、他社へも貸し出すという互恵の関係にある。

ところが荷主企業が倉庫を借りている場合、追加で他の倉庫を借りようとすると賃料などの条件交渉、とくにオーナーとのやり取りは専門外となる。代理人としての立場を受託するチャンスでもある。物流不動産ビジネスで宅建業の免許があれば、オーナーからもユーザーからも代理業務を引き受けることができる。

不動産オーナーとユーザーの間に立つことは、仲介業務そのものだが、双方からのメッセンジャーになっていたのでは成約はむずかしい。貸し手の条件の背景にある事情や本音を探ることが重要である。

倉庫物件の専任媒介契約を得るということは、物流の営業活動では得られない情報が入ってくることになる。物流、店舗、スタジオ、一時借りなどの案件情報とともに、状況に応じた仕掛けや仕組み、知恵が必要になってくる。条件が合えば、オーナーから倉庫物件を一括借り上げして、提供することも可能である。料金設定やその他の条件も自社保有の物件と同じような組み立てが可能になるので、ビジネスチャンスがさらに広がる可能性もある。

他方、倉庫物件のユーザーの対応について考えると、自社で使用するというニーズに加えて、物流業務を同業の物流事業者に外部委託していることもある。他社に全部または一部使用させるということもある。その際の契約主体は、自社の場合と業務委託先の物流企業である場合がある。自社で一括借り上げしたうえでその一部をアウトソーシング先に個別に賃貸する場合もある。どの立場での、どの条件なのか、どんな代替案を出せるかが大切で、ユーザー側の立場を理解して調整しなくてはいけない。

一見複雑そうだが、物流不動産ビジネスの経験を積むことで調整は可能となる。

（5）物流不動産の今後の展開

■――イーソーコドットコムの役割とビジネススキル

これまで説明してきたように近年倉庫物件のユーザーが、不動産検索サイトで空き倉庫を探すことが増えてきた。倉庫物件に特化したポータルサイトであるｅ－ｓｏｈｋｏ．ｃｏｍ（イーソーコドットコム）を開設したのはその流れを読んでのことでもある。

物件の登録では、貸出条件として賃貸のみ、賃貸と寄託貨物の受託、寄託貨物の受託のみの３つに分類したなかから選んで登録する。賃貸は不動産業、寄託貨物の受託は物流業者の案件の募集である。

実際ｅ－ｓｏｈｋｏ．ｃｏｍは、日本全国から倉庫物件と物流案件が集まってくる不動産業と物流業のハイブリット的な特殊なサイトなのである。

ユーザーにとって、倉庫物件や物流の外部委託先を探すことで、物流の効率化が実現できるといえよう。だから、不動産仲介として対応していた倉庫物件の問い合わせが、商談途中で物流サービス案件に変わってしまう場合もある。この場合の対応には、物流不動産ビジネスのスキルがなければ、結果的に取引先に振り回されて終わることになるリスクもある。

問い合わせや面談した内容から、「お客様の本音（ニーズ）はどこにあるのか」という連想を展開していく。物流企業はコスト削減などの効率化を目的としているが、荷主である生産・販売・流通の目的は、売上げや新規顧客開拓、高品質かつ低コストの物流サービスの実現である。つまり、ユーザーの異なる目的によって、提案する倉庫物件も変えなければならないのである。

倉庫施設などのハード提供はファンドである金融業、最近では建設業の大手ゼネコンによる開発、物流サービスは卸売業、通販業などの流通業の異業種が参入してきて、競争は激化している。だからこそ、筆者は、全国の物流企業に向けて、自社のアセットの有効活用、自社の物流資産に縛られることなく、他社の物流資産を利用する物流不動産ビジネスを提唱している。既存の物流スキルを不動産仲介に活かして、新たな収益源を獲得し、コア事業である物流の拡大を図ることができるからである。

■――物流不動産ビジネスの商談のポイント

宅地建物取引業法では、報酬制度が厳格に決められている。倉庫業法では、物流サービスの料金体系が届け出制度になっている。物流不動産ビジネスという営業活動の報酬は、倉庫業法に則った料金でもコンサルティングサービスでも営業支援手数料でもよい。不動産オーナーは成約を喜び、物流サービス事業者は案件の成立に関心をもっている。

物流不動産ビジネスは、「お客様の状況を見て、聞いて、想像して、最適化を提案する」という情報活動なので、経費はそれほどかからない。基本的に固定経費は活動費だけである。

物流不動産ビジネスの対象とする倉庫物件は超大型物流施設の登場もあり、想像以上に流動的である。常に新しい顧客との出会いを待っている状況なのである。

物流不動産ビジネスの売上げ項目は、数多い。たとえば埼玉県内で300坪（約990㎡）の倉庫物件を探している問い合わせに対し、東京都港区で400坪（約1320㎡）の倉庫物件を成約したことがある。依頼地域は埼玉県内、成約は東京都港区、坪数も300坪（約990㎡）から400坪（約1320㎡）、ましてや埼玉県内の倉庫賃料に比べて港区の賃料は比較すると相当に高い。リクエストとは程遠い物件成約の裏には、物流不動産ビジネスの特異性がある。

問い合わせユーザーはアパレル会社で、新宿区にオフィス85坪（約280㎡）、千葉県柏に250坪（約825㎡）の物流倉庫を賃借していた。事業が順調で千葉県柏市の倉庫が手狭になり、e-sohko.comへ倉庫の相談があった。アパレル会社の経営者との面談で、売上高の向上のためオフィスの近くにバイヤー向けのショールームも探していることが判明した。そこで、物流倉庫とショールームの併設が可能な、港区にある４００坪（約１３２０㎡）の倉庫への移転を提案した。柏倉庫から港区へ、倉庫をリノベーションしてオフィスとショールームを併設することにした。ただし新宿周辺で新たにショールームを借りることを考えると、予算が全体的に低く収まった。

東京都港区内でのオフィスとショールーム、保管庫である倉庫での商物一体のメリットとして、オフィス勤務の社員がショールームや倉庫でバイヤーに直接商品を手に取り、説明できることで商談の成果も高まり、売上高の向上を見込める。物流倉庫の案件からオフィス、ショールームの集約にまで発展させて提案した、売上高の増大のためのシナリオ作りである。顧客の本音を知り、一緒に道筋を考えて成功した事例である。

このように倉庫物件と物流案件は常に並走しており、しかもその規模は異なることに注目しなくてはならない。「大きな倉庫がほしいのか」、「大きな商品を取り扱うサービスがふさわしいのか」、ユーザーの本当の目的を探らねばならない。物流不動産ビジネスと物流サービスの組み合わせは、従来の物流業や不動産業を超えたビジネスチャンスにつながっている。

物流不動産ビジネスでの商談は、取引相手をより深く知ることが重要である。希望する倉庫物件の立地、価格、時期はもちろん重要項目だが、「倉庫は手段であって、目的ではない」ということを常に意識していれば、最もふさわしい提案と大きなビジネスチャンスは生まれる。

そのためには、顧客のホームページを閲覧《えつらん》し、会社情報を把握する。オーナーの名前、創業期、主要取扱品目、支店の数や場所、社会奉仕活動、創業者が本を出しているかなど細かく調べておく。はじめての訪問先で、訪問先がこちらをリサーチしてくれていると、うれしい気持ちになる。訪問者への気配りである。同じように相手を事前に詳しく調べておくことで、創業期や最近のこと、ひいては現在の物流問題やこれからの展望などを語ってくれるはずである。ビジネスライクな不動産条件だけの質問にとどまらず、顧客のビジネスそのものを深く知りたいという態度で臨むのである。

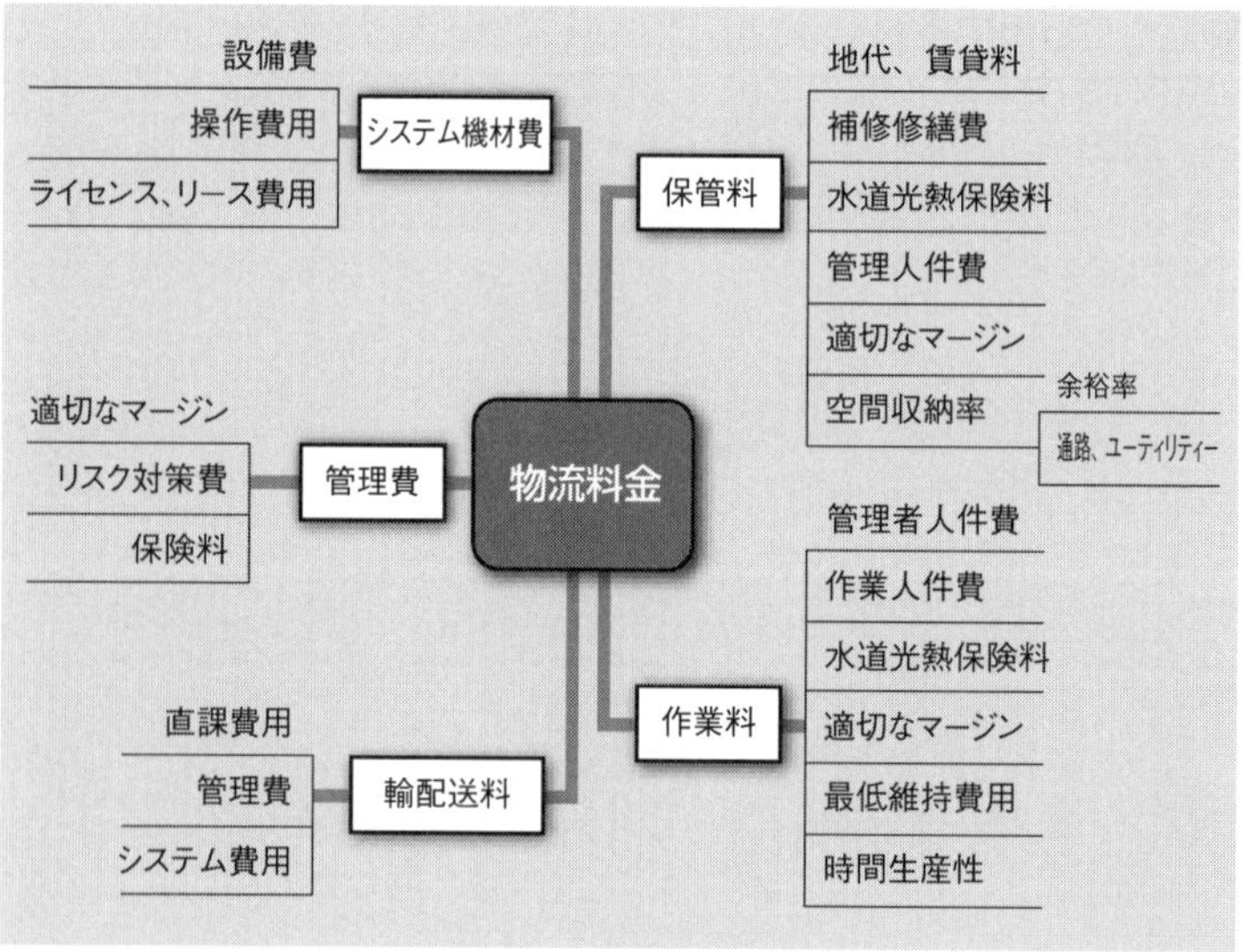

図7-6　物流料金の体系

▣――物流領域へのコンサルティングの推進

これまでの倉庫、運輸などの物流業は自社所有・管理の不動産を利用してビジネスを進めてきた。ところが、ほとんどの企業は不動産を自社だけの経営資源として活用するところまででとどまっており、さらに他社の不動産資産を利用・応用するまでには至っていない。不動産業務の知識のむずかしさと、業法・関連法の障壁があったからだ。ところが、時代の変化とともに不動産の流動化、証券化、世界的な低金利下で、異常なまでの物流不動産投資が活発化して、大きなビジネスチャンスが生まれた。

筆者が考案した物流不動産ビジネスは、「物流サービスに不動産業が加わり、関連する建築と金融、ITの融合を図る」というものであるが、これほどまでに多方面で喧伝されるようになったのはその証拠でもある。そして物流不動産のプロフェッショナルが物流サービスの多様性をもった業態化をさらに推し進めて行くことになる。

コスト削減のためには物流関連固定費の削減や圧縮が重要な取り組みになることも多い。そのために最も効果的なのは物流拠点の集約、物流規模の拡大による生産性向上、輸送距離短縮のための物流拠点の再配置など、不動産の角度から見直すことになる。コスト削減は計り知れない効果をもたらすことは、すでに実証済みである。

物流コストの最大項目は、輸配送費である。物品の配送費用だから、物品重量と輸送距離、そして輸配送頻度や回数に関わる。物品重量は所与の条件だが、距離や頻度・回数は物流拠点の立地に大きく影響している。だから物流拠点は生産地や消費地に最も近い位置に配置されることが望ましい。

物流拠点は、企業の歴史と成長とともにあった。しかし、創業の地、生産拠点、販売の主要な地域などは、時代とともにその位置の役割と規模が変わってくる。このような見直しができるかどうか、また移転先の物件を探し出せるかどうかは、不動産業務の知見が重要であることはいうまでもない。

さらにいえば高速道路網の開発によって、輸送距離も変わってきた。交通道路事情によって輸送時間の長さも変わる。最適な物流拠点と配送ルートの見直しは、毎年行なわれるものであり、その都度に拠点の再配置企画が持ち上がる。

輸配送費の次に大きさを占めるのは、作業や人件費である。物流工程が生産や販売の活動を代替するようになり、倉庫機能はたんなる保管から流通という加工機能へ変化し、多くの作業員が働くようになった。要員の確保や通勤交通手段の不便さは、要員コストに跳ね返る。「人が集まりやすい立地」という倉庫の条件が重要視され、人財確保の面からでも物流拠点の再配置が計画されることになる。移転、すなわち要員コストの圧縮につながるわけである。

倉庫施設の移転や開発には、物流業務に加え不動産業務の知見が欠かせない。物流業と不動産業それぞれに業法が存在する。双方の融合は、ともに求め合う人財の交換によって可能である。はじめは双方のサービスを互いに利用しあうかたちでの事業提携も有効な手段といえる。イーソーコグループでは、物流と不動産をワンストップ対応できる人財の育成を行ない、物流不動産ビジネスのサービスの定着と安定化を進めている。

▣――倉庫リノベーションという創発事業

物流の変化により、「ビンテージ倉庫」の空室が多く発生し、そのソリューションとして、「倉庫リノベーション」が注目を集めている。「ビンテージ倉庫」の供給と、団塊ジュニアやZ世代を中心とする、世代が求めるデジタル化されたオフィス像に基づくイメージの変化で生まれた事業でもある。

リノベーションとは、大規模な改修工事を行ない、施設の用途や機能を変更して性能を向上させたり、不動産価値を高めたりすることである。住宅などが古くなり、壊れたりした部分のリフォームと異なり、創造的なイメージである。天井が高く、広い空間、床荷重、大型エレベーターがあるハイスペックの建築物である倉庫は、さまざまな用途に改修できるということで、多くのビジネスチャンスが眠っていると考えられる。

倉庫業界の視点から見ると、これまで物流以外に無関心だった倉庫オーナーも物流での使用に限界を感じ、スペース貸しを含めた新しい倉庫の活用法に興味を持ち出しているのである。

倉庫オーナーにとって魅力的なのは、倉庫をリノベーションしてオフィスやスタジオ仕様にすることで、倉庫としてそのまま賃貸するよりも割高に賃料を設定することができるということである。イーソーコグループが手掛けた事例では、オフィス相場の8割で、倉庫とオフィス相場の中間くらいの賃料を設定した。

倉庫をリノベーションしてオフィス、スタジオなどの用途に変更すると、クリエイティブな若者たちがテナントとして入居するので、物件全体のイメージを刷新することができる。また、テナント入居に合わせてインフラ環境を整備すると、建物の資産価値そのものも上がる。物流企業とは違った新しいクリエイティブな職業の人々、スタジオなどでは若い男女が活発に出入りするようになるので、物件を中心にこれまでとは違った活気が生まれる。地域活性化につながり、新規顧客開拓、将来性にもつながる魅力的で有望な事業なのである。

団塊ジュニアやZ世代を中心とした経営層は、従来のグレーの事務机が並んだ、伝統的なオフィスでは飽き足らず、デジタルシフトされた先進的な物件を求めている。海外留学経験をもつ人も多く、ニューヨークのＳＯＨＯなど、お洒落でカッコいい倉庫・工場のリノベーション事例を見ている。そのため、車庫で企業を立ち上げる「ガレージベンチャー」などのスタートアップ企業に憧《あこが》れをもっている。

ワーキングスタイルも変化している。ＤＸ環境が発達した現代では、スマートフォンやパソコンさえあれば在宅勤務も容易で、どこでも仕事ができるようになった。画一的な事務作業より、自由で斬新なアイデアを生み出し、会社を盛り上げるような働き方が求められている。とくにコロナ禍以降はテレワークやオンライン会議も増えている。

それにつれて、オフィスに求められる機能も変わってきている。カフェやアトリエのような、働く人にとって心地よい空間が求められている。そして最新の動向を市場調査をしていくなかで、ＩＴ事業を中心としたスタートアップ企業の経営者、建築家などのクリエイター職が、「倉庫はクールである」、「壁や床のエイジング（経年）が、シャビーシックである（カッコよく古びている）」などというのに気がついたのである。

第8章

人財教育
――事例研究：物流ユーティリティープレイヤーの育成

少子高齢社会の到来により日本のさまざまな業界で「人手不足」が指摘されている。
それゆえそうした視点からも
物流不動産ビジネスにおける人財教育の充実は不可避といえよう。
ダイバーシティマネジメントの導入や
物流不動産ユーティリティプレイヤーの養成・育成を推進していく必要がある。

本章は、すでに述べてきたことの繰り返しになる部分もあるが、人財教育に焦点を当てて、イーソーコを事例として取り上げ、解説していく。

(1)「改革」を意識する

■――改革への姿勢

かねてから筆者（大谷）は経営者の「改善」という意識のレベルに違和感を抱いていた。生き残るためにしなければならないことは既存のプラットフォームを壊して、時代に合わせたプラットフォームを新設する「改革」でなければならない。だから経営者の意識改革こそが必要だと思っている。政治も経済もサービスも生き残りのキーワードは現状に手を加える「改善」ではなく根本から作り直す「改革」であると思う。組織のトップやリーダーだけでなく個人の生き方としても「改革」はキーワードになる。

「改善」と「改革」は3つの点で根本的に異なる。

① 改革は徹底的にしなければならず、命がけで取り組む。中途半端な改革など存在しないと考えたい。

② 改革は大きな痛みを伴う。痛みを伴わない改革はない。

③ 改革はスピードが勝負である。早くからの準備が必要である。ゆっくりした改革は成功しない可能性が高い。

改革は外科手術と同じで、要領を得ない手術をしていたのでは合併症を引き起こす可能性がある。改革は1人のリーダーによる突飛な発想、一風変わった性格とゲリラ的な行動から生まれることも多い。「どうしたら改善できるか」とのんびりしたことをいっている経営者は真っ先に引退することが「改革」の第一歩ともいえる。

とはいえ、現在動いている既存システムを壊すことは現実的ではないし、遠方から相談に来訪される年輩のオーナー経営者には、背負っている責任の大きさや重さ、これまでのしがらみ、社員とその家族、下請け企業の生活がかかっていることも理解しなければならない。

では、どうすればよいか。まず、意識を改革することである。そうすれば、売上げは大きく伸びるはずである。

改革できない理由、やらない理由は簡単である。「痛みを伴う変化は、なんとなく変えたくない」ただそれだけである。どんなにもっともらしい理由をつけてもそれは口実である。むしろ、なんとなく変えたくないと自ら認め、正直に宣言していただけたら対処の方法があるのだが……。

さらにいえば、変えなければならないのは設備でもシステムでもなく、意識なのである。確かに投資をして設備を変えれば、売上げは2倍になるかもしれない。それ以上に頑張ってシステムを変えれば、売上げは3倍になるだろう。しかし会社全体の意識を変えると、売上げが100倍になることもあるのである。

改革には3つの共通点があると思う。

① 部下の意識を変える前にまず自分の意識を変えていく。

② 設備やシステムを変える前にまず意識を変える。

③「大きな改革」をする前に「小さな改革」を常に実行していく。

「改革」とは一時的なことではない。「改革」を習慣づけることが成功の秘訣である。

■――改革を寓話で考えてみる

物流そのものが複雑化して専門性とコスト削減が求められるなか、物流事業者はそれらを懸命に「改善」で対応してきた。しかしながら、もはや「改善」では生き残ることができない。「ストーンキャット」、「ゆで蛙」、「オストリッチコンプレックス」といった比喩をご存知だろうか。

「ストーンキャット」、これはヨーロッパの古い教会で飼われていた猫が石の像となり、神聖視されるコミカルな話である。古い習慣を打ち破り、変革を促すたとえ話である。

教会の神父が猫を飼っていた。猫がお祈りをする際にいたずらをするため、祭壇の脚に紐でつないでおいた。やがて神父は亡くなり、二代目の神父がその猫の世話をした。先代の神父同様にお祈りの最中は猫を祭壇の脚につないでおいた。三代目の神父は、先輩を思い猫を飼い、やはりお祈りの際は、祭壇の足もとにおいた。四代目の神父は面倒くさがりで、石で猫の像をつくり、祭壇の下に置いていた。五代目の神父は祭壇の下の石の猫を邪魔だと思い、祭壇の上に置いた。六代目以降の神父は、祭壇の上にある猫の像にお祈りをささげるようになり、いつの間にかあの石の猫は祭壇上の神聖なる存在になり、朝夕に拝まれる存在になった。もはやその猫の歴史を知るものは誰もいない。

人には、いつもやっていることを習慣化し、重要視して、やがては神聖視する傾向がある。それまで続けてきたことには意味があると思い込んでしまうのである。企業も同じように、時代や状況に応じてたまたま採用された制度を絶対のように感じてしまい、合理性や存在理由を疑問に思わなくなってしまうわけである。

「ゆで蛙」の話はこうである。

蛙は温度の変化に鈍感で、冷たい水に入れて徐々に温めていくと水温が上昇しても気がつかず、やがてそのまま死んでしまうという。これが本当かどうかはともかく、企業にも同じことは起こりうる。

たとえば市場ニーズが変わっているのに気づかず、いままでどおりの製品を作り続けていればどうなるか。業績が悪化しているのに、これまでと同様の施策を続けていけばどうなるか。答えは明白である。ゆるやかな変化は気づきにくいものなのである。

「オストリッチコンプレックス」とは、駝鳥《だちょう》（英名：オストリッチ）を連想させる逃避行動に由来している。

目前の問題やリスクを検討することなく、何もしないで回避することをいう。企業の場合、目前に迫りくる危機に対してなんとか回避しようと試みることがある。しかし危機の原因そのものを解決しないかぎり、何をしても危機から目を逸らしているだけである。迫りくる危機が見えなくなったといって、一時的に安心しているだけなのである。

急変する経営環境下では、「動くリスク」と「動かないリスク」を考えたとき、「動かないリスク」のほうが断然高いのである。自分が「動かない」でいても周りが激変し、知らないうちに自分の意思とは無関係に「動いている」ことに気がつかないでいる経営者は多い。1日も早く現実を直視する必要があるだろう。

▣――「型」を知った者による「型破り」のビジネス

イーソーコが運営する日本最大級の倉庫・物流不動産ポータルサイトe-sohko.comが年々

成長し拡大しているのも、倉庫会社出身者である筆者が長年従事して体得した倉庫業の型をＩＴで破った「型破りサイト」であるからだと考えている。大手商社やＩＴ企業が類似のサイトを次々に開設したが、そのほとんどが撤退している。貸倉庫は別として、営業倉庫の空き情報を広く公開することは「型破り」なのである。基本となる物流倉庫業の「型」をもたない「型なしサイト」が淘汰されていったのも、その意味では当然といえるかもしれない。これはトラック運送部門の求荷求車システムのマッチングサイトでも同じことがいえるようである。

これまで倉庫のマッチングサイトは不動産業界から何社も参入してきたが、多くが撤退していった。誤解を恐れずにいえば、物流業の経験がない不動産業の方々の物流不動産ビジネスは「型なし」である。物流不動産ビジネスは、物流以外の業界の方々にとっては参入障壁がとても高いビジネスモデルなのである。

「型破り」の物流不動産ビジネスも、ようやく「型」ができた。実績を積み重ねていくことでより強固な「型」を確立しなければならない。なぜなら「型」ができることで、そこから新たな「型破り」が出てくるからである。そして「型」を破れば、また新たな地平が開け発展する。

物流不動産ビジネスの「型」を破り、新たなビジネスを展開する次世代の担い手が出現する。そのときこそ、物流不動産ビジネスが永続性をもったビジネスとして受け入れられたときだと考えている。まずは「型」をもった人財を育てたい。「型破り」をするために！

（2）イーソーコグループの人財マネジメント ―ユーティリティープレイヤーの育成

■―ダイバーシティマネジメントの推進

少子高齢社会に伴い労働力人口が減少し、人材確保が困難な中小企業においては、労働者不足は深刻な経営課題である。その対策実例として、イーソーコグループが取り組むダイバーシティマネジメントについて解説する。

労働力の確保という課題に対してイーソーコグループは、多様な人財活用（ダイバーシティマネジメント）に注目した。

イーソーコグループでは、組織変革の一環として「グループ企業内における人財と働き方の多様化による組織力の強化」をダイバーシティマネジメントに求めた。

イーソーコグループにおけるダイバーシティマネジメントは、身近にいる「能力がありながらそれを発揮していない人」や「働く意思と資質がありながら働く場所を見つけられない人」などが対象となる。年齢・性別・経歴などに関係なく働ける従業員の個性を企業内に取り入れ、活用することにより、組織力を強化するための環境を整えることが目的である。環境を整備することは、組織力を強化し、労働生産性を向上させることにもつながっていくものと考えている。

■――ものづくりの専門家の発想

筆者の考えるマネジメントの原点は、著名な神社建築技術者の西岡常一氏にある。

西岡氏は、小学生時代から神社建築の現場で働いた。奈良県立生駒農学校（のちの奈良県立郡山高等学校）卒業後、法隆寺修理工事に参加した。その後、第二次世界大戦が勃発し、舞鶴重砲兵大隊に入隊。衛生上等兵として中国に出征すると、軍務のかたわら中国の建築様式を観て歩いた。戦後は、法隆寺文化財保存事務所技師代理として法隆寺の解体修理に携わり、法輪寺三重塔、薬師寺金堂、西塔、道明寺天満宮などの復元を行なった。

「リーダーは全員の心をまとめる」、「長続きする組織は癖をもった人財を上手く使う」といった考え方に筆者も共感している。マネジメントの原点であり、イーソーコグループのダイバーシティマネジメントにおける基本理念としても使わせてもらっている。

世界経済は経営者の意思にかかわらず変化している。また業界構造も変化し続けている。ビジネスを取り巻く環境の変化に対応しながら企業そのものも変化し競争を勝ち抜いていくためには、多様な個々の人財に支えられた組織、つまりダイバーシティに富んだ組織が必要である。

■――ダイバーシティマネジメントから物流不動産ユーティリティープレイヤーに

イーソーコグループの営業部の若い社員は将来の経営者を目指し、物流不動産ユーティリティープレイヤーとなるべく頑張っている。そのために、各自がグループ各社に出向し、実践のなかで学んだノウハウ、ドゥハウを自身のスキルとして身につけるようなカリキュラムが組んである。

新入社員は、入社後の基礎研修を経て、エルダー（先輩）の下でリーシング（仲介）とストラテジー（営業支援業務）を経験する。その後、営業部に配属される。イーソーコは営業に力を入れた会社なので、配属された営業部では徹底的に攻めの営業を実体験させて彼らを営業体質にする。

さらに、物流実務を学ばせる。現場でのフォークリフトの運転技能、保管貨物の管理、受付、事務処理、物流営業などである。その期間に、宅地建物取引士や物流管理主任者といった公的な資格などにチャレンジする。経営者を目指している社員は、簿記検定も受講する。

中途採用の社員もいる。なかには子育て重視のシングルマザーや将来の夢を実現するために専門学校へ通う人もいる。プライベート重視を奨励している。

また、一般の社員から「先生」と呼ばれる、シニア世代のフェロー契約の人たちもいる。大手企業を定年で退職した方々である。彼らは長年蓄えた知識と経験を活かして若手社員を教育する。またイーソーコグループの全国ネットワークや人脈を利用して新しいビジネスを立ち上げる社内ベンチャー的な経営者も在籍している。

まさに個々の異なった立場、価値観と目標をもった人たちが、組織の型にはまらずに自由闊達に動いている。働く意思と資質がありながら働く場所を見つけられない人たちに対し、年齢・性別・経歴などに関係なく、イキイキと働ける環境を整えるという発想である。環境を整備することは、組織力を強化し、労働生産性を向上させることにもつながっていくものと考えている。

物流不動産ビジネスをオーガナイズ（組織化）し、それぞれが個々のビジネスのために自由に働きカオス（混沌《こんとん》）化する。これが、イーソーコの考える「オーガナイズド・カオス」である。マネジメントスタイルは、この「オーガナイズド・カオス」であると考えている。参画者1人1人は見方によってはバラバラで「カオス」の状態のように見えるが、実際は組織全体を見れば、全体の方針、長期戦略、マーケティングなどがきちんと組織化されている。経営者は、彼らに仕事をする空間を提供すると同時に、物流不動産ビジネスという向かうべき方向を提示する。方向性も、環境に合わせて修正していく。的確な方向修正ができるのは、現場からのボトムアップによるイキイキとした提案があるからである。それが企業生き残りの種になり、イーソーコのダイバーシティマネジメントの長期的な遺伝子になっていく。硬直した服従者だらけの組織は、いずれカリスマトップの退却とともに滅びてゆく運命にあると考えられる。

ビジネスを取り巻く環境の変化に対応しながら、企業そのものも変化し競争を勝ち抜いていくためには、多様な人材に支えられた組織、つまりダイバーシティに富んだ組織が必要である。そして、「このような企業こそ社員やパートナー、関係者を生かし幸せにしていく企業である」と手ごたえを感じている。物流の重要性は各業界からますます注目されている。物流企業が自ら殻を破り、ダイバーシティで業態革命を起こすことをあらためて提案したい。

▣――物流不動産ユーティリティープレイヤーが物流の業態変革を実現する

ユーティリティープレイヤー（UP）とは、スポーツ界、とくにサッカーや野球などで複数のポジション（役割）をこなせる選手の総称である。

それぞれの技能に秀でたスペシャリストの集合体であるスポーツ界のプロチームは、勝利することが最大の目的である。選手のケガなどのアクシデントによって本来のフォーメーションで戦えない事態はあってはならないことであり、チームはそれを避けるためにコストをかけて控えの選手を雇っている。

一方、控えの選手を雇う余裕のないチームで重宝されるのが、万が一の備えとしてのユーティリティープレイヤーである。攻撃も守備もできる選手がいれば誰かの穴を埋めることができるから、リスクを最小限にとどめることが可能となる。これは企業も同じで、多くの人員を有する大企業なら営業職は営業だけ、事務職は事務だけに専念できる恵まれた職場環境が存在する。「私は事務だから営業はできない」、「私は営業だから事務はできない」、「私は経理だから現場作業はできない」といった主張が通用する世界である。

しかし多くの中小企業では、激変するビジネスに対応するために限られた人員のなかで対応していかなくてはならない。自分のポジション以外にも、顧客の要望や状況に応じて、柔軟に違う役割をこなさなくてはならない。中小企業には、専門のスペシャリストよりも多能工であるユーティリティープレイヤーのほうが重宝であることは間違いないだろう。

とくに、年々高度化する物流、荷動きや貨物運送依頼の波動性が高く、経済波動の波をまともにかぶる物流業は、ユーティリティープレイヤーの存在が重視される業態である。そこで物流の基本をしっかり押さえつつも各分野に精通した「物流不動産ユーティリティープレイヤー」（物流不動産UP）が求められることになるのである。

イーソーコグループが考える物流不動産UPは、荷主の目線を重視する営業を徹底するために、積極的に現場に入る人財である。現場が忙しい時期には進んで荷役作業を手伝い、現場の実態把握と貨物管理を勉強する。現場入りをチャンスと捉えるのが物流不動産UPの姿勢である。

倉庫事業者だった筆者も、繁忙期は物流現場に入って荷役作業を手伝った経験がある。フォークリフトのオペレーションも自在にできる。物流現場の実態把握と貨物の管理もマスターした。結果的に荷主企業の喜ぶ物流合理化の提案ができ、信頼を得ることができた。現場に入り重要な実務を学んだが、なかでも、デリケートな物品の扱いは勉強になった。

デリケートな物品は、強気な料金を設定でき収益性が高いので、物流会社の経営陣は喜ぶ。しかし作業を行なう現場は歓迎しない。そういう貨物は壊れやすかったり、種類が多く間違えやすかったり、時間外が頻繁にあったりするものだからだ。減点主義の物流業の現場では、取り扱いが簡易で、時間内に終了でき、収益性の高い貨物を求める。こうしたギャップを知ることができたのも、現場に入ったからであった。

現場作業を手伝うメリットは、ほかにもある。営業専門で現場を知らない頃は、知らないうちに現場の顔色を優先する傾向にあった。なぜならば、荷主の要望を優先して時間外作業やデリケートな貨物を引き受けてしまうと、現場の機嫌を損ねてしまうからである。人間関係がギクシャクし亀裂が入り、精神的に追い込まれることもある。最悪の場合、現場からボイコットされて、本来の荷役作業にまで悪影響が及んでしまう恐れもある。そしてその結果として顧客である荷主に迷惑をかけることになり、顧客目線の真逆の結果を招いてしまう。

営業担当者や経営者の方は、荷主より自社の現場を優先していないかを考えてほしい。忙しいときに現場を助けることで、現場の方々から信頼を得ることができる。自ら現場のオペレーションができることで、時間外作業をこなすことができる。現場に入り現場を知れば、現場の顔色を気にせず荷主の要望を最優先できる、顧客目線の営業が実現できる。物流不動産ＵＰが繁忙期の現場入りを積極的に行なう理由は、そこにもある。

▣――物流不動産ＵＰの向上を目指すインターンシップ

まずは、大学生を対象にインターンシップを行ない、そのなかから就職希望者があれば別途に面接し、翌春に入社が決定する。それから物流不動産ＵＰの育成を手順を踏んで行なう。まず、イーソーコでの実務を通した新人研修を実践しながら１００項目にも及ぶ講座を受講する。研修だけでなく、早くから営業実務を経験することで、徹底的に顧客目線を頭と身体に染み込ませる。

それからグループ内の不動産会社（イーソーコ）または物流会社（東運ウェアハウスなど）へ配属され、それぞれの業務を経験する。不動産であれば、リーシング、マスターリース、ストラテジーなどをコア業務とし、サブとして寄託貨物や物流加工、輸配送の手配などの物流案件の紹介を実践する。

物流では、寄託貨物の営業、物流案件の営業、現場の保管管理をコアとして、リーシング情報の収集、マスターリース先の紹介などを行なう。不動産とは業務の比重こそ違うが、リーシングやマスターリースなど、あえて不動産的な業務を盛り込む。これは物流においても不動産的な思考法や営業スタイルが必要との考えからで、物流とは異なる「攻めの営業姿勢」を身に付けることで営業力や提案力が養われる。

その後さらに以後の配属先について面談し、再び不動産（イーソーコ）か物流（東運ウェアハウスなど）か建築管理か（イーソーコ総研など）を選ぶ。いずれか決定すると、その企業で経験を積んでもらう。この期間を終えれば、自己スキルも相当にアップする。

筆者は、新入社員に「お金は使えば減ってしまうが、頭は使えば使うほど知識が増えて、他人に盗まれることもない。諸君は、少し前までは、学校へ授業料などを払いながら勉強していた。しかし、現在は会社からお金をもらいながら勉強できる。大きなチャンスと思ってできるだけ知識を増やし、スキルを上げてください」と励ましている。

▣――サービスの平準化を推進する情報化

物流不動産UPについての実務活動を紹介する。

物流不動産ビジネスのノウハウ、ドゥハウを学んだ実務研修が修了した新人社員は、物流不動産UPとして正式な配属先が決定する。配属先はさまざまで、イーソーコグループ内の企業をはじめ、地方で展開する直営企業（イーソーコとの合弁会社）への出向、アライアンス（提携）先の企業への派遣などもある。配属先では、物流不動産ビジネスの営業活動を中心に事務や現場作業と幅広く対応することになる。

物流不動産UPの基本姿勢は、必要な情報を共有することにある。会社から支給され常備するスマートフォンには、営業を中心とした関連業務をバックアップする複数のアプリケーションがパッケージ化されてインストールされている。新人でもスマートフォンなどをもつことで、営業メンバー全員、経営者、各専門家とつながる。顧客からの専門性の高い質問への対応や平準化したサービス提供が可能となる。イーソーコグループが運営する物流不動産ポータルサイトと連動したSFA（営業支援システム）として独自に開発された「EMS（イーソーコ・マネジメント・システム）」という営業支援ツールを中核に、行動スケジュールをメンバー全員で共有する「デスクネッツ」、位置情報がわかる「ドコマップ」、などもパッケージ化されている。

また別途支給されるノートパソコンには、標準化された営業ツール（サービスメニューや商材のプレゼン資料）が入っている。資料はパワーポイントや動画、ホームページといった視聴覚に訴えるもので、ベテランでも新人でも、同一水準で説明できるようになっている。もちろん、ＤＸに対応したデジタル化についても取り組み、クラウドには常に必要なアプリケーションやデータを上げて、アップデートも頻繁に行なっている。

■――専任プレゼンで磨くサービス内容の理解と直接的な営業力

新人の営業力を高めるための取り組みとしては、プレゼンテーションの技術を競う社内コンペティション「専任プレゼン大会」を開催している。これは倉庫物件を仲介する際、当社グループの専任物件として任せてもらうための提案力を磨くことを目的として行なうもので、実際の物件を題材にプレゼンテーションを披露して優劣を決める。

実際の専任プレゼンは、物件オーナーから当社にリーシングを専任で任せていただくための重要なアプローチである。用意するプレゼン資料には、イーソーコグループの全サービスの説明やテナントリーシングの強みなど、得意領域を余すところなく盛り込んでいる。新人はこの大会へ向けたトレーニングを通して、イーソーコグループの強みやサービスを理解していく。

▣——イーソーコを未来の「トキワ荘」に

イーソーコグループでは、多くの若手が宅地建物取引士の資格取得にチャレンジする。同僚に触発され、切磋琢磨しながら自分も前に進めるようである。

世界に誇る日本のアニメ文化は、かつて漫画家を目指す若者たちがトキワ荘に集ったことで始まったとされている。住人であった若き漫画家は、先輩たちの作品に感動し、発奮した。なかには出版社に干されて自暴自棄になりかけた新人が、徹夜で仕事している仲間の姿を目撃して意欲がわき、再起したこともあったそうである。住人であった藤子不二雄A、手塚治虫、赤塚不二夫、石ノ森章太郎などはそれぞれの作風をもって独立し、そこで磨いたスキルを世界に冠たるアニメ文化に発展させたといわれている。

イーソーコの若い社員、研修生たちにも、かつてのトキワ荘と同じような相乗効果を期待している。若い頃からイーソーコグループで一緒に修行し、時代をともに歩んだ間柄であれば、10年後、20年後には、絆で結ばれた人脈ネットワークをつくることが可能となるはずである。そこで語られるあらゆる話題も、共通のリテラシーとなるだろう。

このように、物流不動産の組織リテラシー確立へ向けた動きは、進んでいる。イーソーコで学び、社会に飛び出し、会社という垣根を越えて「物流不動産ビジネス」という共通言語で理解し合う。

それこそイーソーコグループの目指すところである。

（3）未来は変えられる

――経営者だけが会社を変えられる

多くの会社で、これまで業績向上のためにＩＴシステムを導入したり、各種セミナーに参加したりと、さまざまな努力が行なわれている。それらの結果、期待どおりの業績を上げているのであれば問題はない。しかし、そうでなかったら……。

本当に部下の意識を変えたいと思ったら、現在の自分を変えることである。「自分が変われば、世界が変わる」。多くの経営者が犯す間違いのひとつに、部下を変えようとしてしまうということがある。

自分自身を棚に上げて、他人に変革を強制する経営者もいる経営者もいる。しかしむしろ「親が変われば子どもが変わる、経営者が変われば社員も変わる、上司が変われば部下も変わる」ということを実践する必要があると考えている。上の立場の人が変われば、下の人も変わる。「人に変化を要求するよりもまず自己変革を」ということである。

次に将来にフォーカスする。過去は変えることができない。できないことにこだわっているよりも、これから起こる未来をよりよくすることを考える。未来は、変革することが可能なのである。いまの思いが変われば、間違いなく未来も変わる。

物流不動産ビジネスは、「倉庫を扱う不動産業である」と長い間誤解されてきた。現在もそのように思われ続けているかもしれない。

トラックも運転できるし、フォークリフトの操作にも慣れている。グループ企業では、多くのパートタイムの方々を使って流通加工の現場も運営している。だからこそ、倉庫会社やトラック運送会社の方々との話題に事欠かない。そして、利用者である荷主企業の業界も常に研究している。総合物流事業での一般常識であるＩＴツールや最新のネットビジネスにも関心をもち続けている。

そして物流担当者でありながら、ＩＴや最新のビジネスモデルにもロジスティクスが欠かせないことを知って、物流倉庫や超大型物流施設の物件情報にもエキスパートであってほしいと願っている。

同時に物流施設周りの設計、建築、工事や保守メンテナンスまで、優れたパートナーたちとネットワークや事業提携をもつことで、長年のビジネスで安定基盤を築くまでに進化してきた。それは、不動産業や物流業という業界を越えたチャンスがあったのだと思う。しかも、常に顧客の目線で、トリプルウィン（三方よし）の関係性をもたせていただこうとする姿勢を忘れずに変化し続けてきたからだと自負している。

新しい事業への取り組みは、新しい発想と固定観念を取り払った人財が必要である。いわば、戻る道を断った覚悟と変化へのチャレンジ精神がなければ、成功しない。「昔はよかった、前のほうが楽だった」と思いをめぐらせた途端に、進化は壁を目のあたりにするように思える。ビジネスの成功は、「人の心の中にある」というのが、筆者の経験則なのである。

すべてのビジネスにロジスティクスは必要とされ、ロジスティクス戦略が物流拠点を基点に成り立つなら、倉庫がすべての出発点になる、ということに気づき、学び、実践することが物流不動産ビジネスの人財開発の原点なのである。

▣――物流不動産ビジネスの進展

近年、設備の整った超大型物流施設への移転需要などが大きい。食品、飲料水、日用品、医薬品関連などの内需型企業が高機能、高性能の最先端の超大型物流施設へとシフトする動きが活発である。

物流不動産ビジネス市場はコロナ禍以降、空室率が低下し、さらなる開発の需要が出てきている。

物流不動産市場では、「立地がある程度よければテナントを集めることは困難ではない」という見方が強く、そのため空港や高速インターに近接したロケーションなどに物流施設が相次いで建設されている。

ところが荷主企業、物流企業などのテナントはたんに「ロケーションがよい最新施設」というだけでは満足しない傾向も出てきている。その結果、物流に特化した専門性の高いＰＭ（プロパティマネジメント）を提供できる物流不動産開発企業が、テナント企業の信用を得るようになってきている。テナントとなる荷主企業や物流企業が物流施設にかかる賃料、保守・メンテナンス費用、清掃費、光熱費などについて頭を悩ませることなく、物流業務に専念できる環境をいかに構築していくかに腐心することが重要となってくるわけである。もちろんあわせて物流不動産開発会社のＰＭのバックボーンともなるＡＭ（アセットマネジメント）業務も重要になっている。

多くの物流不動産のプレイヤーは量から質への変換を迫られている。

物流施設がＲＥＩＴ（不動産投資信託）、あるいは私募ファンドなどに組み込まれ始めた当初は、「はたして物流施設をファンドに組み込む利点があるのか」などの懐疑的な声も強かった。しかし、土地取得、建物建設などが他施設に比べて安価でテナントが安定していて、長期賃貸借契約が可能な物流施設には高利回りが期待できることがわかると、物流不動産ビジネスへの参入に対して新規プレイヤーが相次いで名乗りを上げた。

その結果、荷主企業、物流企業などの論理とはいささか異なる理由で開発された物流施設も見られるようになった。

いずれにせよ、物流不動産業界全体がこれまで以上に高い質での競争を余儀なくされる段階に突入したともいえよう。そしてもちろん、そうした高い質での競争が、物流業界の望むロジスティクスの高度化にとって大きなプラス要因として作用することになるはずである。

第9章

物流不動産ビジネスの行方と進化

超大型物流施設の建設の本来の目的は、ロジスティクスの高度化の強化にあった。しかし、物流不動産ビジネスの拡大により、「まちづくり機能」などのロジスティクス以外の領域の機能や役割も担うようになってきた。実際、超大型物流施設を中核に据えた「物流倉庫城下町」が大きな注目を集めているのである。

（1）超大型物流施設の多機能化

——大型化からまちづくりの主役へ

超大型物流施設をまちづくりの中核に据えるという潮流が広がっている。

まちづくりを進めるにあたって、まずは超大型物流施設の開発から手をつける効果は想像以上に大きい。

ネット通販（ＥＣ）市場などの伸張などでロングテールの在庫保管を充実させる必要もあり、物流センターは大型化の一途を辿っている。また、庫内での流通加工業務も多様化し、相当規模の労働力が必要になってきている。超大型物流施設を開発、建設することで、まずは確実な雇用創出が期待できる。しかも超大型物流施設を開発する物流不動産開発企業は施設内の諸設備の充実にきわめて熱心である。シャワー付き更衣室やラウンジ、売店、食堂、託児所など共用スペースを充実させたり、駅から遠い場合にはシャトルバスを発着させたりと、テナントとなる物流企業や荷主企業の雇用確保を積極的にサポートしている。

さらに近年は超大型物流施設を中核に据えながら商業施設や娯楽施設などを整備するまちづくり的な複合開発を行なうデベロッパーが増えてきている。

これまで、物流センターの作業者は雇用流動性の高いパートタイム、アルバイトの人財が多く見られたが、少子高齢化による人手不足の影響もあり、これからは作業者の離職率を抑える工夫が必要となっている。労働環境、労働条件を重視する昨今の風潮もあり、物流施設のみならず、その周辺環境の整備も労働力確保の重要な要件となってきている。

そこで物流施設の周辺の環境整備が重要なポイントとなってくる。商業施設、娯楽施設を充実させることで、仕事帰りに買い物や娯楽を楽しめる環境を提供しようというわけである。住宅や公園を整備することで職住近接を実現することも労働力確保の有力な動因となる。

■――自治体による物流施設に対する高い評価

加えて、近年は地方自治体もまちづくりにおける超大型物流施設の役割への注目度を高めている。物流施設の建設により長期的に安定した大規模な雇用がもたらされること、あわせて税収も確保できることに加えて、商業施設や宿泊施設などに比べて物流施設の工期が短いことも大きな魅力となっている。より早く着実にまちづくりを行なうためのアクセルとなりうるというわけである。

実際、流山市の「ＧＬＰ　ＡＬＦＡＬＩＮＫ」や船橋市の「三井不動産ロジスティクスパーク船橋Ⅲ」、「ＭＦＬＰ船橋・＆ＰＡＲＫ」などの超大型物流施設は、まちづくりと連動した大型開発で、さしずめ「物流倉庫城下町」の様相をも呈している。

■――「物流のため」だけではない超大型物流施設へ

さらにいえば、物流施設に物流以外の用途を複合させる傾向も強まってきている。

物流施設に本社機能を設け、サプライチェーンの司令塔としてだけではなく、経営の司令塔としても位置付けるのである。

古くは米国の大手流通業、ウォルマート・ストアーズの創業者であるサム・ウォルトン（故人）が同社のアーカンソー州の本社を物流センターに併設したことが知られている。わが国でもネット通販企業などが相次いで本社機能を物流センター内に移す動きを見せてきた。

その他にも物流施設に併設されることで相乗効果を発揮する施設がいくつもある。すでに併設の事例が報告されている施設、今後併設される可能性のある施設など、考えられうる代表的なものをいくつか紹介する。

❶保育施設

超大型物流施設で託児所、保育園などの併設の報告がなされている。庫内作業における女性の労働力の増強に期待がかかるなか、保育施設の併設は時代の流れともいえる。同時に天井が高く、広いスペースが確保できる物流施設では、幼児が安全安心な環境で自由に遊び回ることができるという利点もある。

❷スポーツ施設

スポーツジムなどを併設することで従業員満足を向上できるとして併設する事例が報告されている。また、ボルダリングのように高い壁が要求される施設も、天井が高く十分なスペースが確保できる物流施設での設置が効果的と考えられる。この他、天井が高いという物流施設の特徴を活用し、第1章で言及したようにボーリング場などへのリノベーションが行なわれた事例もある。

❸食堂・飲食店街

超大型物流施設内にメニュー豊富な大型食堂が設置され、周辺住民に開放されている事例も報告されている。さらに複数の食堂を併設した食堂街、飲食街に発展させるという取り組みも増えてくるだろう。もちろん、食堂・飲食店街のみならず、コンビニエンスストアなどを充実させている物流施設も増えている。

❹結婚式場

物流施設が港湾などに接する見晴らしのよいロケーションに立地する場合、物流施設、物流団地内などに結婚式場を設けるという発想もある。週末の、比較的稼働状況が緩やかになる物流施設のオフピークに対応することでスペースの有効活用も可能になる。

❺バーゲン・セール会場

稼働している物流センター内の不動在庫などを転用すれば、配送コストなどをかけずにバーゲン・セールを展開できる。一部の物流センターですでに行なわれているが、ネット通販の在庫処分などを念頭に今後、さらに広がる可能性もある。

❻フォークリフト教習所

物流施設内にフォークリフトの教習所を併設することで免許取得者はすぐに仕事が確保でき、テナント企業は労働力を確保できる。また物流施設で教習を行なうことで実務の具体的なイメージが描きやすいというメリットもある。第1章でリノベーションの事例としても取り上げたが、新設の超超大型物流施設に設置される可能性もあるといえよう。

❼英会話教室

すでに一部の物流施設で併設されている。従業員向け、周辺住民向けなどだけではなく、保育園と連動させ、幼児の英会話教育の場として活用していくことも視野に入れることができる。パート、アルバイトなどの庫内作業者は勤務の前後にレッスンを入れることも可能になる。

(2) 高度化する最新施設での物流オペレーション

――無人化オペレーションへの対応

第3章でもその潮流について解説したが、最新物流施設では無人化をターゲットとしたオペレーションが加速度的に広まり始めている。たんに施設内に物流ロボットなどの高機能のマテハン機器

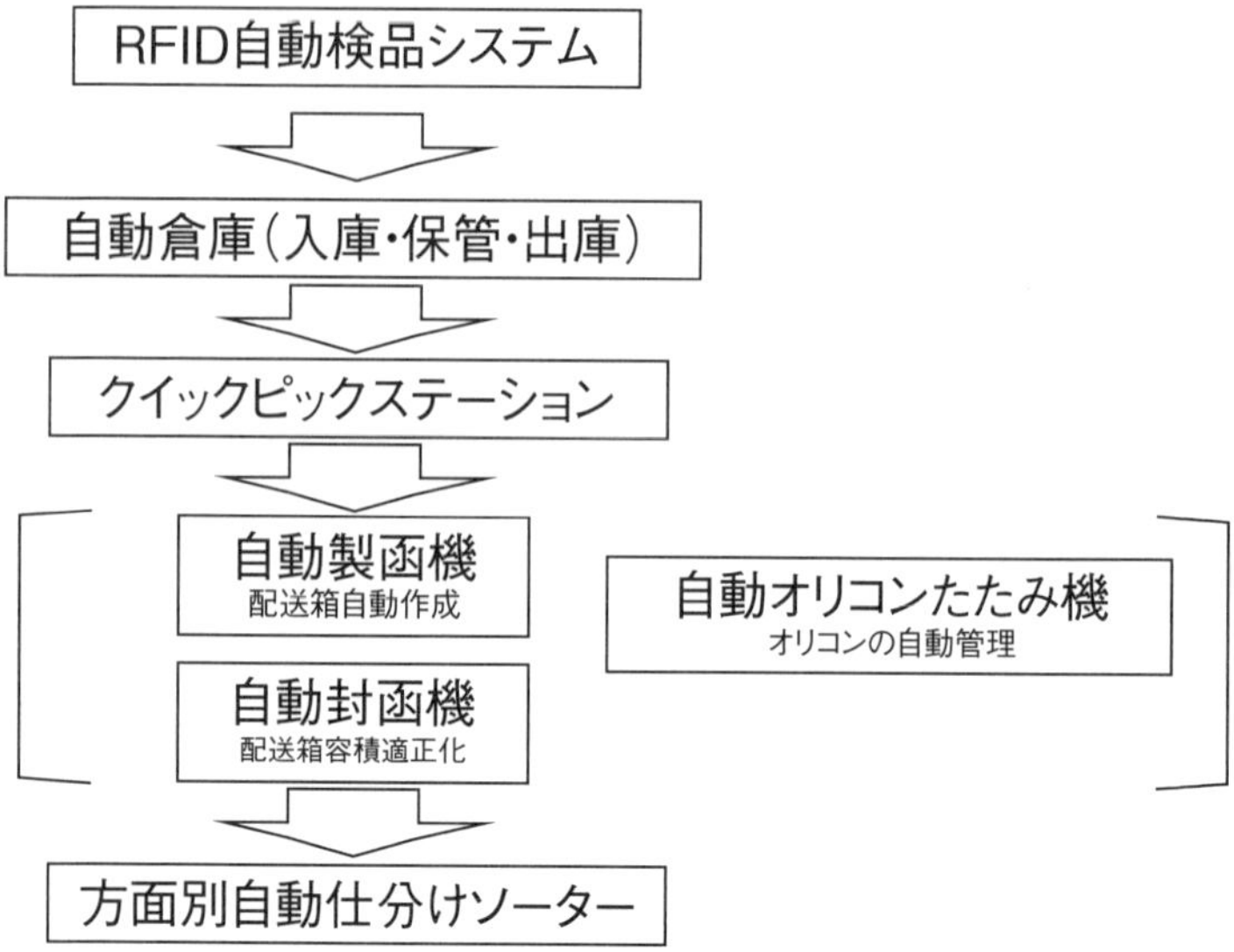

図9－1　庫内無人オペレーションシステムの一例

を導入、設置するだけではなく、最新のロジスティクステクノロジーを活用しやすい庫内環境が整備されているのである。また、無人トラックなどがスムーズに納品できるようなロケーションや接車バースの工夫が施されるようになってきている。

完全自動化された物流センターのオペレーションのイメージは次のようになるだろう。

まずサプライチェーン全体がＲＦＩＤや画像認識システムなどで可視化されたうえで商品の個体管理を推進し、生産、流通、販売の各領域の在庫情報や入出荷情報が共有される。

海外工場から送られてくる商品は基本的にパレット単位での入荷になる。荷卸し、検品、保管、出庫までの一連の物流工程もパレット単位で行なわれ、仕分けエリアで段ボール箱に自動封函機で梱包され、方面別仕分けソーターなどを用いて出荷処理が行なわれている。

なお、設置されている自動倉庫は、「自動保管倉庫」で標準商品の保管を、「自動出庫倉庫」で高頻度出荷品である売れ筋商品を取り扱うなど、商品の特性を見極めつつ、細分化されたうえで導入、運用されることになる。

■――トラックの自動運転を前提とした物流不動産開発企業のロケーション戦略

自動化・無人化の波は、庫内オペレーションのみならず、物流施設のロケーションにも大きな影響を及ぼし始めている。

隊列走行型、あるいは無人のトラックによる自動運転の増加を視野に入れて、高速道路のインター直近、あるいはインターに直接アクセスできる物流施設の開発、建設が注目されているのである。

たとえば、三菱地所が開発している京都府城陽市東部丘陵地青谷先行整備地区（A街区）の「次世代基幹物流施設」は自動運転のトラックに対応することを念頭に新名神高速道路のインターに直結した専用ランプウェイを設置するというものである。物流ＩｏＴ、物流ＤＸなどの最先端技術に対応できる物流施設として注目されている。

インター直結型に加えて、ロジスティクスドローンによる荷積み、荷卸しが可能となるドローンポートを屋上などに併設したり、IoTセンサーを設置したりするなど、テナントとなる物流企業、荷主企業のDX武装をサポートする体制が物流不動産開発企業によって構築されつつある。

さらにいえばスマートシティとのリンクも視野に入れている。物流施設のスマート化を推進することでスマートシティにおける交通網や商業施設、住居施設などのインテリジェンス機能とのリンクを進めるという構想である。

最新鋭の物流施設の進化はさらに加速する状況にあり、物流革命の起点となるどころか、都市機能の刷新やスマート社会のより一層の発展、浸透の旗振り役となる勢いである。

そして物流施設はどのような着地点を目指して自律的に進み始めるのだろうか。

おそらく、AI搭載のマザーコンピュータの指令で自ら考える物流センターへと進化していくことになると考える。入出荷量、在庫量、そしてそれらをベースにAIによりはじき出される精緻な需要予測と、物流ロボットや無人フォークリフト、自動運転トラック、さらにはロジスティクスドローンが有機的に結びつき、相互にリンクするかたちで物流オペレーションをコントロールする。

さらにはスマートシティや都市DXともリンクすることで、物流倉庫城下町を生成し、まちづくりまでにも多大な影響を与える存在となる可能性に満ちている。

◎むすびに代えて

■――現実化する物流倉庫城下町

「物流不動産ビジネスをわかりやすく解説した本を出したい」というイーソーコドットコムの大谷巌一会長のかねてからの希望をかなえるべく、共著というかたちで本書を著すことにし、増刷を重ねてきたが、近年の物流不動産をめぐる潮流を踏まえ、新たに2つの章を追加し、増補改訂版として出版することとした。

本書でも触れたように2001年に東京都木場にファンドによる外資系の大型物流センターが建設されたあたりから物流不動産ビジネスの鼓動が聞こえ始めた。それが近年、途方もないスケールにまで拡大してきている。

2022年3月14日にNHK「おはよう日本」で「物流倉庫　住宅地のそばへ」という特集が組まれた。流山市や船橋市で開発された住宅地近隣の物流施設が地域の中心としての役割を担っていることなどが紹介され、「かつての工場城下町のように物流倉庫城下町が地域活性化の担い手となるのではないか」という本著者、鈴木邦成のコメントも桑子真帆アナウンサーなどにより紹介された。

大谷会長は、物流オペレーションよりも、実際のオペレーションが展開されることになる大箱に早くから注目し、物流不動産ビジネスの実践と展開、さらには業界化を進めてきたが、まさにその思惑も大きな開花の時を迎えたようである。

他方、まちづくりのみならず、DXにより、情報武装を強化している昨今のスマートサプライチェーンの司令塔としても、倉庫、物流センターといった物流不動産にその注目が集まってきている。

本書の本編でも触れたが、自動運転技術が日進月歩のトラックが、無人走行や隊列走行で高速道路を自在に駆け抜ける日が間近いことを念頭に高速インター直結型の超大型物流施設の開発も広がり始めている。RFIDタグを読み取るリーダーやセンサーが庫内に設置されていたり、庫内オペレーションの次世代の主役となる無人フォークリフト（AGF）や無人搬送機（AGV）の導入を前提とした庫内設備を揃えていたりする超大型物流施設もある。

従来の倉庫のイメージは大きく変わり、スマートシティや未来都市におけるテクノロジーの最先端の集結地が物流施設の新しいイメージとなりつつある。

ドラッカーは「物流は最後の暗黒大陸」と述べた。そして21世紀に物流という暗黒大陸が大きな夜明けを迎えることを予言しながら世を去った。そして実際、ドラッカーの言葉通りに物流は21世紀の幕開けとともに大きな脚光を浴びることになった。しかし大きく注目される存在となった現代物流の象徴として超大型物流施設が相次いで建設され、物流倉庫城下町の中核に君臨するとは、さすがのドラッカーも予期すらしなかったことだろう。

本書ではますます巨大化する物流施設に目線を合わせながら、そこで展開される物流の効率化や高度化のみならず、物流倉庫城下町の主役としての役割やスマートシティとの連動などにもスポットを当てて解説した。

しかしながら、これほどまでに巨大化しながらも、さらなる規模や機能の拡張を自律的に目指していく物流不動産の最終的な未来図はいかなるものとなるのであろうか。

その答えはまだ誰にも見えないのかもしれない。

物流不動産はそれ自体が物流や不動産といった既存の枠組みから大きくはみ出し、独自のイメージとスケールを増幅させていくのかもしれない。

そのゴールは、本書の著者である鈴木にも大谷にもまだ見えてこない。おそらくは10年後、現時点では予想もできないシナリオの上で物流不動産が動いているかもしれない。

拡大と成長を続ける物流不動産がどこへ向かうのか、おそらくその答えは、近い将来に書かれることになるだろう本書の続編で多少なりとも明らかにできるのではないかと考えている。

鈴木邦成

◉——【著者紹介】

鈴木 邦成（すずき くにのり）

物流エコノミスト、日本大学教授（在庫・物流管理などを担当）。博士（工学）（日本大学）。日本ロジスティクスシステム学会理事、日本ＳＣＭ協会専務理事、日本物流不動産学研究所アカデミックチェア。ユーピーアールの社外監査役も務める。専門は物流およびロジスティクス工学。

主な著書に『入門 物流現場の平準化とカイゼン』、『入門 物流（倉庫）作業の標準化』、『現場の「困った！」を解消する 基礎からわかる物流現場改善』、『トコトンやさしいＳＣＭの本』、『トコトンやさしい小売・流通の本』、『トコトンやさしい物流の本』、『お金をかけずにすぐできる事例に学ぶ物流現場改善』、『運行管理者（貨物）必携ポケットブック』（いずれも日刊工業新聞社）、『すぐわかる物流不動産』（共著）（公益社団法人日本不動産学会著作賞授賞）、『スマートサプライチェーンの設計と構築』（共著）、『グリーンサプライチェーンの設計と構築』（いずれも白桃書房）、『物流ＤＸネットワーク』（共著）（ＮＴＴ出版）などがある。物流・ロジスティクス・ＳＣＭ関連の学術論文、雑誌寄稿なども多数。

大谷　巌一（おおたに　いわかず）

イーソーコグループ会長。有限責任事業組合日本物流不動産評価機構代表理事。物流不動産協同組合理事長。

東京倉庫運輸入社後、物流及び不動産の実務経験を積み、物流不動産ビジネスを創始。２０１４年から現職。現在、約60社に及ぶイーソーコグループ企業を統括、近未来の同グループ企業総数１００社を目指している。毎週配信しているメルマガ、物流不動産ニュースの読者は2万人。物流不動産ビジネスにおける人的ネットワークの強化にも取り組んでおり、関連の有名人、文化人、企業人との業界紙・雑誌などの対談、インタビュー多数。

流通経済大学客員講師などで物流不動産についての講義、講演を行う。テレビ出演、日経セミナー、日経ＭＪフォーラムなどでの講演、業界紙、専門誌などでの執筆、寄稿も多数。重要な産業インフラである物流と不動産の中に混在する空間ビジネスをテクノロジーで効率化した「物流不動産ビジネス」の創始者として、各方面で活躍中。著書に『すぐわかる物流不動産』（公益社団法人日本不動産学会著作賞授賞）（共著、白桃書房）、『これからは倉庫で儲ける!!物流不動産ビジネスのすすめ』、『こうすれば倉庫で儲かる!!物流不動産ビジネスの実務』（いずれも日刊工業新聞社）などがある。

■すぐわかる物流不動産《ぶつりゅうふどうさん》〔増補改訂版《ぞうほかいていばん》〕
――進化を続けるサプライチェーンの司令塔

■発行日――2022年7月6日　初版発行　〈検印省略〉
2024年7月16日　第2刷発行

■著　者――鈴木邦成《すずきくにのり》・大谷巌一《おおたにいわかず》

■発行者――大矢栄一郎

■発行所――株式会社白桃書房《はくとうしょぼう》
〒101-0021　東京都千代田区外神田5-1-15
Tel 03-3836-4781　Fax 03-3836-9370
振替 00100-4-20192
https://www.hakutou.co.jp/

■印刷・製本――藤原印刷株式会社

ISBN978-4-561-74229-6 C3063

◉ 好評書 ◉

グリーンサプライチェーンの設計と構築
—グリーン物流の推進

◎鈴木邦成［著］
◎本体価格 2381 円

環境負荷の低減を念頭に置いた企業システムの構築が求められているなか、グリーンサプライチェーンの概念が注目されている。本書は、環境重視の物流管理の方策を念頭に置き、その設計と構築の方向性について解説する。

考え方がすぐわかる
スマートサプライチェーンの設計と構築
—物流 DX が起こす変化をつかむ

◎鈴木邦成・中村康久［著］
◎本体価格 1818 円

コロナ禍と DX がその進化速度を急激に上げている物流業界。変貌するスマートサプライチェーンの実態と今後の展開を、裏付けとなる考え方とともに社会情勢や海外のケースを用いて、初学者に分かるようやさしく解説。

ロジスティクス概論〔増補改訂版〕
—基礎から学ぶシステムと経営

◎苦瀬博仁［編著］
◎本体価格 2818 円

発生地点から到着地点までモノをつなぐ流れであるロジスティクスについて、理系、文系を問わず、その基本を押さえるテキスト。大学教科書を意識した編集で、ロジスティクスを学ぶ初学者、概要を把握したい実務者に推奨。

ソーシャル・ロジスティクス
—社会を、創り・育み・支える物流

◎苦瀬博仁［著］
◎本体価格 3182 円

民間部門と公共部門の協調のもとで、採算性を確保しながら社会的価値を追求するという、新しいソーシャル・ロジスティクスの確立を目指す。これまで言われてきた概念を時代に添わせるべく模索、追究した真摯な研究。

東京 **白桃書房** 神田

※本広告の価格は本体価格です。別途消費税が加算されます。